핵개인 시대를 주도하는 당신의
하이퍼 퍼스낼리티 강화 전략

파워루틴핏

핵개인 시대를 주도하는 당신의
하이퍼 퍼스낼리티 강화 전략

파워루틴핏

초판 1쇄 인쇄 2024년 8월 12일
초판 1쇄 발행 2024년 8월 31일

지은이 정세연

발행인 백유미 조영석
발행처 (주)라온아시아
주소 서울특별시 서초구 방배로 180 스파크플러스 3F

등록 2016년 7월 5일 제 2016-000141호
전화 070-7600-8230   **팩스** 070-4754-2473

값 19,500원
ISBN 979-11-6958-121-9 (13190)

라온북은 독자 여러분의 소중한 원고를 기다리고 있습니다. (raonbook@raonasia.co.kr)

핵개인 시대를 주도하는 당신의 하이퍼 퍼스낼리티 강화 전략

파워
루틴핏

정세연 지음

커리어 확장부터
자아실현까지
업무 루틴핏

경제적
자유를 위한
부의 루틴핏

몸과 마음을
젊게 하는
건강 루틴핏

홀로 당당하게 활약하고 인정받는
1% 인재들의 노하우

조직에 속박되지 않으나, 당당하게 활약하고 인정받으며
매 순간 진화하는 '나'로 점프업하라!

RAON
BOOK

RAON
BOOK

언제 어디서든 혼자서도 당당하게 해내는
1% 인재들의 루틴 사용법

틀에 갇혀 사는 것이 좋았다. 그것이 안정감 있고 편안하고
든든했다. 큰 자유는 없지만 그렇다고 죽지는 않았다. 딱 죽지
않고 살만큼의 자유를 누리며 적당히 만족하고 감사하며 지내왔
다. 틀 밖으로 나가면 큰일 난다는 압박감에 죽을힘을 다해 버티
고 매달리며 하루하루를 살아냈다.

그랬던 내가 그 생명줄 같았던 줄을 끊고 바깥 세상으로 나왔
다. 겁 많은 모범생이었던 내가 새로운 도전을 선포했을 때, 나
를 아는 대부분의 사람들은 깜짝 놀랐다. 그리고 열렬히 반대했
다. 하지만 그런 반대 속에서도 묵묵히 나를 믿어주고 응원해준
몇몇 사람들이 있었고, 나는 그들의 손을 잡고 한 걸음 한 걸음

걸어 나왔다. 그리고 지금 여기에 다다랐다.

회사 밖 혼자가 되어보니 우선 내가 나를 너무 몰랐다. 온전히 나를 대면하는 시간이 필요했다. 내가 누구인지, 어떤 사람인지, 무엇을 잘하는지, 무엇을 좋아하는지, 어떻게 살고 싶은지 등 한 번도 생각해보지 않았던 질문들에 스스로 답을 해보았다. 그리고 그때부터 진짜 삶이 변하기 시작했다.

그렇게 나를 알아가며 삶을 정돈하니 지나온 시간들이 '실패'가 아닌 '지혜'로 바뀌어 있었다. 후회나 불평, 원망이 아닌 미래의 멋진 나를 위해 탄탄히 쌓아온 나의 내공이 되어 있었다. 그리고 이제 좀 알 것 같았다. 내가 살아온 방식이 잘못된 것이 아니라 그저 정돈이 필요했다는 것을 말이다.

내가 있는 바로 지금, 이 일상을 행복하게 보내려면 정돈이 필요하다. 큰 힘을 들이지 않고서도 매일 나를 살리는 방식으로 삶을 정돈해 나갈 수 있다. 그것이 이 책이 말하는 파워 루틴이다. 파워 루틴을 통해 자신의 일상을 정돈하며 하루하루 행복한 라이프 스타일을 만들어나가면 언제 어디서는 혼자서도 당당하게 무엇이든 해내는 사람이 될 수 있다.

파워 루틴은 일상 속의 공식이자 실제적인 액션플랜이다. 루틴으로 탄탄해진 일상은 실력이 되고 성과로 나타난다. 남들과는 다른 탁월함이 되어준다. 일을 할 때도, 돈을 모을 때도, 건강을 챙길 때도 루틴 공식은 필요하다.

직장 선배는 있지만 인생 선배는 없는 요즘, 나 또한 이러한 삶의 공식을 알려줄 인생 선배가 없었다. 그저 혼자 버텨내기 바빴던 시간들, 돈을 쓰고 맛있는 것을 먹는 것이 유일한 낙이었던 후회의 시간들. 그 시간들 속에서 몸소 하나하나 부딪히며 깨달은 것들을 이 책에 풀어내려 한다. 짧다면 짧은 나의 40년 인생, 그리고 17년 차 여자 차장으로 쌓아온 내공과 지혜, 나의 경험을 온전히 녹여내었다.

이 책에서는 커리어, 돈, 건강 영역에서 하루하루를 건강하고 활력 있게 만들어줄 파워 루틴들을 소개한다.

첫 번째 파트에서는 자신의 커리어 영역에서 진짜 실력을 쌓아야 하는 이유와 구체적인 방법에 관해 이야기할 것이다. 인간의 수명은 늘어나고 세상은 빠르게 변한다. 더 이상 한 직장에서 그저 버텨내는 것만이 답은 아니다. 직장을 버텨내는 곳이 아닌 자아실현을 하는 곳으로 활용해야 한다. 그곳에서 지혜롭게 자신만의 내공을 쌓아가야 한다. 결국 잘해야 재미있고 재미있어야 오래 할 수 있다. 잘하는 것이 우선이다. 그리고 잘하려고 할 때 무엇이든 배운다. 직장에서 똑똑하게 일하고 진짜 실력으로 만드는 파워 루틴을 소개한다.

두 번째 파트에서는 돈 영역에서 가져야할 파워 루틴을 살펴볼 것이다. 돈에 대해 갖고 있는 경제 청사진을 스스로 점검해보고 내가 진짜로 원하는 삶의 모습을 생각해보는 시간을 가져볼 것이다. 일상 속 돈을 흘려보내는 습관을 없애고 새로운 마인드셋을 장착해봄으로써 경제적 자유를 향한 첫걸음을 함께해볼 것이다.

세 번째 파트에서는 하루하루를 건강하게 만드는 방법을 알아볼 것이다. 아직 건강을 걱정할 나이가 아니라고 하기에는 이제 '곧' 닥칠 일들이다. 어쩌면 지금도 겪고 있을 건강상의 문제들을 건강 지식을 바탕으로 살펴본다. 건강은 곧 자신감이다. 건강해야 활력도 넘치고 외모도 예쁘다. 일상 속에서 소소하게 실천하는 것만으로도 핏이 바뀌고 피부가 맑아진다. 건강하고 자신감 있는 하루를 위한 파워 루틴을 소개한다.

10년 후 내가 있으려면 10년 전 오늘이 있어야 한다. 10년이 너무 길어 마음에 와닿지 않는다면 당장 내년, 1년 후를 그려보자. 1년 후 나는 어떤 모습일까? 그 해답은 오늘에 있다. 그 오늘이 지금 이 순간이다. 오늘을 건강하고 멋지게 살아내야 1년 후,

10년 후에 바라는 모습의 내가 있다.

행복해지고 싶고 이제는 좀 달라지고 싶지만 어디서부터 어떻게 시작해야 할지 모르겠다면, 파워 루틴핏으로 오늘이라는 계단을 올라보길 바란다. 한 번에 한 계단씩 천천히 행복하게 오를 수 있도록 파워 루틴 코치인 내가 도와주겠다. 일상 속 사소하지만 중요한 고민들의 해답을 얻길 바라며, 이제 함께 파워 루틴핏을 시작해보자.

정 세 연

Contents

Chapter.1

홀로 당당하게 활약하고 인정받는 1% 인재들의 비밀

Chapter.2

공기업 17년 차 파워 루틴이 여차장의 인생 조언

Chapter. 3

파워 루틴핏 (1) 커리어 확장~자아실현까지 업무 루틴핏

Chapter. 4

파워 루틴핏 (2) 경제적 자유를 위한 실행력! 부의 루틴핏

Chapter.5

파워 루틴핏 (3) 몸과 마음을 10년 젊게 하는 건강 루틴핏

부록

내 몸 최적화를 위한, 파워루틴핏 다이어트 3주 프로그램

Chapter.1

홀로 당당하게
활약하고 인정받는

1퍼센트 인재들의 비밀

혼자가 익숙한 시대,
순수 핵개인파의 탄생

1

돌아보면 나는 혼자 있는 시간이 참 힘들었다

대학 시절도, 사회 초년생일 때도 일정이 없어 혼자 있는 시간이면 심심한 수준을 넘어서 외롭고 우울하기까지 했다. 그렇다고 외향적인 성격에 사람을 엄청 좋아하는 것도 아니면서 혼자 있는 시간은 그것대로 견디기 힘들었다. 혼자 있는 시간은 나 스스로 왠지 모를 루저가 된 기분이었고, 다른 사람들 눈에 내가 아무도 찾지 않는 사람, 어딘가 부족한 사람으로 비춰질까 신경이 쓰였다. 그래서 늘 바쁜 사람을 자처하며 인간관계를 유지하기 위해 이리저리 쫓아다니며 살았다.

✕ 혼자가 익숙한 시대

다행인지 불행인지 지금은 아니다. 이제는 '혼자'여도 괜찮다. 그 사이 '나'라는 사람도 변했지만 그만큼 시대도 바뀌었다. 그야말로 혼자가 익숙한 시대다. 이제는 혼밥, 혼술은 기본이고 혼살(혼자살기), 혼행(혼자여행), 혼캠(혼자캠핑), 혼등(혼자등산), 혼캉스(혼자호캉스) 등을 즐기는 혼족이 늘어나고 있다. 이제 혼자하는 것을 스스로 창피해하지도, 안 좋은 시선으로 보지도 않는다. 불필요한 인간관계를 유지하기 위해 나의 시간과 에너지를 낭비하는 것보다 자신만의 취향대로 혼자 스트레스를 푸는 것이 더 효율적이라고 생각하는 사람들이 늘고 있는 것이다.

송길영 교수는 《시대예보》라는 그의 책에서 '핵개인'이라는 용어로 그들을 이렇게 정의한다. "핵개인이란 자신의 삶에 대한 주도권을 가지고 스스로 생존에 대한 경쟁력을 갖추어가는 사람들"이라고 말이다. 단순히 1인 가구의 주거 형태에서 벗어나 주체적으로 자신의 취향을 즐기며 살아가고 스스로 자립할 수 있는 새로운 존재로서의 개인을 말하는 것이다.

내가 주체가 되어 선택한 삶은 누구의 강요로 '해야되는' 의무의 삶이 아니라 내가 '하고싶어' 선택한 삶이다. 그러니 그 선택에 대한 책임도 나에게 있다. 핵개인 시대에 나는 나의 선택에 책임을 지고 나 자체로 스스로 설 수 있도록 준비되어야 한다.

(혼자가 익숙하지 않았던) 예전에는 조직이나 사회에 휩쓸려 개인의

다양성과 선택권은 존중받지 못했지만, 그 대신 나라는 사람이 좀 부족해도 사회라는 틀 안에서 함께 살아갈 수 있었다. 신입사원은 회사가 시간과 비용을 투자해 키워주었고 가족은 서로를 의지하며 함께 살아갔다. 하지만 지금은 아무도 나를 책임져 주지 않는다. 회사는 일을 할 줄 아는 준비된 경력직을 원하고 늘어가는 비혼 인구와 낮아지는 출생률 속에 내가 케어할 가족은 있어도 나를 케어해 줄 가족은 없는 것이 현실이다. 나 스스로 경쟁력을 갖추고 자립할 수 있어야 살아남는 시대인 것이다.

✕ 자립을 위한 시간의 축적

한순간에 내가 자립할 수 있는 사람으로 다시 태어날 수는 없다. 내가 주도권을 가지고 경쟁력 있게 살아가기 위해서는 그에 따른 시간의 축적이 필요하다. 꾸준히 하는 힘은 마치 복리로 불어나는 연금처럼 젊을수록 그 빛을 발한다. 20대, 30대는 인생에서 나의 가치를 올리고 경쟁력을 쌓아가기 위한 황금기이다. 이 시간을 잘 축적해놓으면 40대부터는 소위 전문가로 급이 다른 삶을 살 수 있다. 시간이라는 자산이 아직 많이 남아있는 이 시기를 어떻게 보내느냐가 인생의 방향과 속도를 결정한다. 시간의 축적 앞에서는 아무리 뛰어난 AI도 사람을 이길 수 없다. 그 시간 안에는 그 사람만의 스토리와 경험, 진정성이 녹아있기 때문이다.

나는 내가 항상 어릴 줄 알았다. 어느덧 나 또한 나이가 들어가고 새로운 세대가 빠른 속도로 치고 올라오는 것을 느낀다. 사실 회사에 소속되어 지내다보면 시대가 바뀌는 것이 크게 체감되지도 위협적이지도 않게 느껴진다. 편안하고 안전하다 느끼며 잠시나마 그때를 누리기도 했다.

하지만 현실은 이 회사가 나를 더 이상 보호해 주지 않을 때가 온다는 것이다. 우리는 예전보다 오래 살게 되었고 평생직장이란 것은 없어지고 있다. 그렇게 '편안하다, 안전하다'를 외치며 나조차도 내 인생을 나 몰라라 하고 '일단' 지내다가는 크게 후회할 날이 올 것이다.

20대, 30대는 현재 내가 쳐놓은 울타리에 안주할 때가 아니라 끊임없이 노력하고 새로운 시작을 해나갈 때다. 금세 40대, 50대가 온다. 그때도 늦지 않았지만 늦지 않은 인생보다 앞서가는 인생이 더 매력 있지 않은가? 한 발짝 먼저 가있으면 인생이 편해진다. 현실에 안주하지 말고, 지금 있는 곳에서 한 발짝만 먼저 나아가보길 바란다. 건강도, 커리어도, 돈도 지금은 조금만 관리하면 탁월해질 수 있다. 기회는 준비된 사람의 것이기 때문이다.

이제는 각자가 개인으로서 큰 조직에 속하지 않고서도 얼마든지 가치를 만들어내고 그에 따른 부를 쌓아갈 수 있는 시대이다. 개개인 각자의 목표를 향해 자기만의 길로 얼마든지 개척하고 들어갈 수 있는 시대인 것이다. 이제 불평하면서 현실에 안주할 것인지, 나만의 커리어로 큰 꿈을 향해 나아갈 것인지는 오롯이 개인의 선택에 달려있다.

✕ 빠르게 실패하는 힘

빠르게 실패해보자. 급변하는 시대 속에서 무엇이든 빠르게 시도해보고 습득하는 것은 엄청난 무기다. 무엇이든 열린 마음으로 유연한 사고방식으로 접해보고 시도해보는 것, 그리고 빨리 실패하는 것은 성공으로 향하는 지름길이다.

실패하는 것은 아무것도 안 하는 것보다 낫다. 나를 붙들어줄 방향만 확실하다면 시도하고 실패하고 방황해도 된다. 실패이건 성공이건 스토리가 많은 사람은 그 사람만의 매력과 내공이 있다. 그런 사람은 항상 주변에 사람들이 따르고 대체 불가한 사람이 된다. 계속 시도하고 실패하며 나만의 스토리를 쌓아가고 대체 불가능한 사람이 되는 것. 나의 몸값을 높이고 꿈을 이루며 사는 것. 이것이 진짜 핵개인으로 살아남는 방법이 아닐까?

세월을 아끼라는 말이 이제야 마음에 꽂힌다. 나의 20대, 30대 시절, 얼마나 많은 날들을 아무것도 안 하고, 시도하지 않고, 실패해보지도 않고, 경험하지 않고 보냈던가. 아무것도 하지 않으면 아무 일도 일어나지 않는다. 당연히 현실도 바뀌지 않았다.

이것저것 시도하고 배우는 삶은 활력 있고 멋있다. 매일이 다르게 성장한다. 그런 사람은 늘 자신감과 매력이 넘친다. 그리고 그 시간들이 경험과 스토리로 쌓여 있다. 그런 사람은 뭔가 달라도 다르다. 멀리서 "그런 삶은 피곤해"라며 아무것도 안 하는 삶을 선택

하겠는가, 아니면 적극적으로 삶을 내가 원하는 모습으로 바꿔가
겠는가. 선택은 본인의 몫이다.

커리어와 부, 건강 삶의 모든 영역에서 내가 주인이 되는 삶을
살길 바란다. 내가 스스로 컨트롤하고 내가 꾸며가는 하루, 나 혼
자서도 거뜬히 살아내는 하루. 이런 하루가 쌓이면 성공한 인생이
된다. 하루하루 멋지게 도전하고 실패하고 나만의 스토리를 쌓아
가며 성공의 문으로 들어가보자.

내가 먼저 한 발짝 들어가보니 괜찮다. 죽지 않는다. 그리고 훨
씬 재미있다.

회사는 더 이상
내 브랜드가 아니다

2

몇 해 전 회사 생활 중 가장 큰 위기를 만났다. 그 위기는 나의 몸과 마음, 시간을 회사에 다 털어 넣을 것인지, 아니면 '나'를 위해 멈추어 세울 것인지를 깊이 고민하게 했다. 사실 그동안 나에겐 회사에 탈탈 털어넣는 삶이 더 익숙했다. 고민할 여지도 없이 그것이 당연하고 차라리 속 편하기도 했다. 겉으로는 책임감이었지만, 사실은 못 해내는 것에 대한 두려움으로 어떤 일이든 어떻게든 해내왔다.

하지만 이번엔 달랐다. 늦은 시간 회사에서 퇴근해 집 주차장에 도착하면 엘리베이터를 타고 올라갈 힘조차 남아있지 않아 차 안에서 그냥 엉엉 울어버렸다. 감당이 안 되었다. 화도 났다.

'내가 이러려고 승진했나?'

당연하게 죽어라 해오던 일들이 당연한 것인지 의심이 되기 시작했다.

'이렇게 사는 것이 맞는 걸까?'

여태껏 한번도 의심해본 적 없는 물음이었다. 남들이 부러워하는 '신의 직장'에 들어갔고 언젠가는 행복해질 것이라는 희망으로 버티고 살아왔는데…. 그 언젠가가 과연 오기는 하는 것인지 처음으로 의심이 들었다. 그때 나는 용기내어 모든 것을 멈추기로 결정했다. 쉼 없이 달려온 인생, 멈추면 큰일 나는 줄 알고 생각조차 못 해봤던 일이다. 회사라는 큰 바퀴에 겨우 겨우 매달려 버티고 있던 나는 두 눈 질끈 감고 뛰어내렸다. 그렇게 나는 퇴사를 위한 첫 용기를 내게 되었다.

나는 새로운 세상에 나왔고, 그곳에서 '진짜 나'로 한번 살아보기로 했다. 그런데 막상 회사를 내 삶에서 쏙 빼고 나니 남는 게 없었다. 새로운 사람을 만날 때도 내가 어느 회사에 다니는지 직책이 무엇인지를 말하지 않으면 딱히 나를 소개할 말이 없었다. 회사 명함이 없이는 아무도 나를 알아주지 않았다. 결국엔 "○○회사 다녔어요."라고 소개해야 그나마 내 존재가 인정받는 느낌이 들어 안도가 되었다.

✕ 멈추어 나를 만나다

'그래, 나를 찾아보자. 우선 나부터 알아가보자'

그 멈춤의 시간, 나는 나를 처음으로 대면했다. 내가 어떤 사람인지, 무엇을 할 때 가장 행복한지, 앞으로 어떤 삶을 살고 싶은지, 처음으로 나에게 물어보았다. 대학 수능을 보고 취업을 할 때조차도 물어보지 않았던 질문이다. 묻지도 따지지도 않고 그냥 그때 그때 해야하는 일을 열심히하며 살았고, 남들이 좋다고 하는 것들을 선택하며 살았다. 그 속에 정작 '나'는 없었던 것이다.

회사에서 나의 20대, 30대를 다 보냈지만, 막상 회사라는 옷을 벗고 나니 '나'라는 사람은 no 브랜드, 그저 무명의 한 사람에 불과했다. 그때 나는 깨달았다. 회사는 더 이상 나의 브랜드가 아니라는 것을. 나는 나 자체로 브랜드가 되어야 한다. '나'라는 브랜드가 매력적이면 나는 어디에서든 스스로 빛날 수 있는 것이다.

✖ 내 이름 석 자가 브랜드가 되려면

그렇다면 '내'가 브랜드가 되려면 어떻게 해야 할까?

최근 한 은행의 저연차 직원들의 퇴사가 3년 새 300% 급증했다는 기사를 보았다. 내가 다녔던 회사에서도 몇 년 사이 MZ세대들의 퇴사가 눈에 띄게 늘어났다. 그야말로 대퇴사 열풍이 불고 있다. 직장 내 경직된 분위기, 상사의 부당한 대우, 소통 부족, 과도한 근무시간 등의 이유로 직장을 떠나고 있는 MZ세대들, 그들은 퇴사하거나 조용한 사직[*]을 하거나 둘 중 하나를 선택한다.

과연 그들은 지금 행복할까? 다른 회사, 새로운 분야에서 또 다른 한계에 부딪히고 있진 않았을까?

'회사'가 답은 아니지만 준비되지 않은 '퇴사' 또한 답은 아니다. 내가 어디에 있든 무엇을 하든 나를 성장시키고 내공을 쌓는 시간의 축적은 반드시 필요하다. 그 축적된 시간을 내 브랜드의 원천으로 삼아야 한다. 나 자체로 브랜드가 되어 내가 원하는 삶을 주도적으로 살아갈 때 비로소 퇴사는 '잘한' 선택이 된다.

하루하루 나를 성장시키는 루틴으로 빠져들어 보자. 회사에서 일을 하든, 나만의 사업을 하든 나의 가치를 높이고 나를 성장시키는 것에 집중해보자. 마지못해 수동적으로 시간을 허비하는 대신, 적극적이고 주도적으로 '나'라는 브랜드를 키워보자.

내가 이러한 성장의 시간을 통해 탄탄한 실력으로 다져지면 회사에서도 회사 밖에서도 나는 나 자체로 멋진 브랜드가 된다. 또한 새로운 도전의 기회가 다가왔을 때 준비된 미래의 내가 그 기회를 쟁취할 수 있다. 비로소 그때 나는 나만의 브랜드로 당당하게 살아갈 수 있게 되는 것이다. 우선 나 스스로 온전한 브랜드가 되어보자.

※ 직장을 그만두지는 않지만 정해진 시간과 업무 범위 내에서만 일하고 초과근무를 거부하는 노동 방식을 뜻하는 신조어

회사 생활은
제2의 커리어 도약을 위한 발판!

3

"이번 주말에는 뭐하나? 어디 안 가?"

금요일 오후, 업무를 자체 종료하고 퇴근을 기다리는데 부장님께서 나에게 묻는다. 나는 딱히 특별한 일정도, 공감이 될 만한 일정도 없어 "좀 쉬어야죠. 책도 보고~"라고 얼버무린다. 세상 재미없다는 표정으로 내심 안쓰러워 하시고는 옆자리 후배에게 다시 물으신다. 결국엔 이번에도 후배가 승자다. 후배의 재밌는 주말 계획으로 이야기를 이어간다.

언제부터인가 본의 아니게 비밀스런 나의 주말은 늘 바쁘다. 누구의 결혼식을 가는 것도 데이트를 하는 것도 약속이 있는 것도 아닌데 항상 주말은 순식간에 지나간다.

나의 주말이 바빠진 것은 몇 년 전부터이다. 아마도 회사만이 정답이 아닐 수 있겠다는 생각이 든 후부터인 것 같다. 회사가 전부인 삶이 행복하지 않았고 앞으로도 행복할 수 없을 것 같았다. 그때부터 나는 주말마다 아침 독서모임, 행동력 수업(10주 자기계발 실행 과정), 브랜딩, SNS, 글쓰기 클래스, 이것도 아니면 책 읽기에 집중했다. 다양한 업종에 있는 사람들을 만나 그들의 도전과 성장 스토리를 들으며 나의 시야를 넓혀갔다. 그리고 그 무렵 나라는 사람이 깨어나기 시작했다. 나는 회사 속 세계에서 벗어나 신세계를 맛보며 신이 났다.

사실 몇 해 전까지만 해도 상상하지 못했을 삶이다. 나는 자기계발 책을 보는 사람들을 답답하게 여겼다. 자기계발충이라고 대놓고 흉보진 않았지만, 그들의 뜬구름 잡는 말들이 듣기 거북했고 열심히 사는 모습이 왠지 모르게 보기 싫었다. 지금도 충분히 피곤한데 그들의 삶은 생각만 해도 힘들어 더 피곤해졌다. 내 마음이 삐딱해서인지 열심히 사는 그들이 삐딱하게만 보였다.

그랬던 내가 새로운 것을 배우고 도전하고 성장하는 삶에 눈을 뜬 것이다. 새로운 것을 배우고 다양한 사람들을 만나느라 주말을 꽉 차게 보내고 나면 없던 에너지도 생겨났다. 그렇게 나를 성장시키고 나를 채우는 시간을 쌓아가며 나는 '나'를 찾게 되었고 내가 좋아하는 것을 찾게 되었다. 그리고 차근차근 준비해서 완벽하진 않지만 어렴풋이나마 나아갈 길을 만들고 나서야 나는 퇴사했다.

　퇴사를 결정하고 준비하는 기간, 회사 속 나는 외로웠다.

　회사 밖 사람들은 나를 지지해주고 응원해주었지만 정작 회사에서는 나의 퇴사 계획을 알릴 수도, 나의 고민과 생각들을 이야기할 수도 없었다. 친한 사람들에게 조심스럽게 퇴사에 대한 생각을 흘려보아도 응원은 커녕 나를 겁주고 주저앉히려고만 했다. 그들의 마음도 당연히 이해는 된다. 나였어도 말렸을 테니까 말이다. 묻지도 따지지도 않고, 네가 나가서 무슨 일을 하겠냐며, 우리 회사가 얼마나 좋은 회사인 줄 아냐며 다그쳤다.

　사실 나도 안 흔들렸다면 거짓말이다. 너무나도 확신에 찬 그들의 만류에 자기의심으로 힘든 날도 많았다. 회사에 퇴사를 알리고 사직원을 낼 때는 지독한 몸살에 걸리기도 했었다. 나름 오래 생각하고 준비한 것이었지만 삶의 터전이었던 나의 첫 직장이자 평생직장을 내려놓고 나오는 것이 쉬운 일만은 아니었나보다. 온몸이 아픈 몸살이 다 나아갈 즈음에야 해방감이 느껴졌다. 그렇게 퇴사를 한 나는 퇴사여행으로 호주행 비행기를 탔다.

　돌아보면 퇴사를 결단할 때가 가장 힘들었다. 그때는 한 번씩 가슴이 철렁 내려앉기도 하고, '내가 지금 무슨 일을 저지르고 있는 거지?' 싶은 두려움이 와락 몰려오기도 했다. 한번 퇴사하면 되돌릴 수 없기에 수백 번은 고민했던 것 같다. 하지만 그럴수록 나는 내가 꿈꾸는 삶을 떠올렸고, 그 결과 회사는 답이 아니었다.

처음 퇴사를 꿈꾸고 퇴사까지 딱 2년이 걸렸다. 그렇게 나는 퇴사했다.

✖ 지금, 솔직히 나는 퇴사를 후회할까?

솔직히 말하면 퇴사를 하고 나니 오히려 두려움이 사라졌다. 더 이상 숨막히는 두려움이 몰려오지 않았다. 오히려 내가 언제 회사를 다녔나 싶을 정도로 바로 적응이 되어 놀라울 뿐이다. 지금은 내가 앞으로 살고 싶은 삶을 살기 위해 오늘 하루 해야할 일에 집중해서 살고 있다. 이제는 더 이상 미룰 곳도, 핑계댈 것도, 못할 이유도 없다. 물러설 곳이 없다는 것이 이런 느낌일까. 앞으로 나의 선택을 잘한 선택으로 만들어가는 것은 온전히 나의 몫이 되었다.

그렇다면 퇴사를 추천하냐는 질문에는 'No'이다. 정확히 말하면 'Not yet'이다. 퇴사에는 철저한 준비가 필요하다. 우선 회사에서 누릴 수 있는 것들을 다 누리고도 부족하면 그때 나와야 한다. 매달 나오는 월급으로 나에게 먼저 투자해야 한다. 배우고 도전하는 데 투자하고 회사라는 울타리 안에서 시행착오를 해봐야 한다. 매달 나에게 투자할 돈이 꼬박꼬박 들어온다는 것은 엄청난 장점이다. 나 또한 회사 다니면서 배우는 데 돈을 아끼지 않았다. 배우는 데 투자할수록 진짜를 알아보는 눈이 생겼고 좋은 인연으로 이어지기도 했다. 또 성과급이 나오면 퇴사 후 당분간 버텨야 할 백수 시간을 위해 비축도 좀 해놓을 수 있다. 그리고 감사한 줄 몰랐던 각종 복지 혜택들도 알차게 잘 활용해서 나의 기반을 닦아 놓아야 한다.

이런 것들을 퇴사 후 진행하면 바로 마이너스로 이어지지만, 회사를 다니면서는 그래도 0까지는 맞출 수 있기 때문이다. 꾸준히 공부하고 내공을 쌓는 것 또한 회사에 있을 때 해야할 일이다. 나와서 하면 급하다. 급하면 판단력이 흐려지고 잘못된 선택으로 빠지기 쉽다.

회사에서 이것저것 시도하고 배우면서 나만의 길을 찾았다면 그 다음 단계는 무료로 사업을 진행해보는 것이다. 내가 하고 싶은 분야의 일에 일단 발을 담가보는 것이 중요하다. 글쓰기를 시작해보고, 커뮤니티를 운영해보고, 관련 자료를 정리해서 전자책을 만들어보고, 네트워크도 잘 만들어놓는 시간이 필요하다. 단순히 나의 시간을 팔아서 돈을 버는 방향이 아니라 시간을 쌓는 노력을 미리미리 해두어야 한다. 이런 노력이 퇴사 후 시행착오의 시간을 줄여준다.

✖ 선택의 즐거움

나에게 투자해서 나를 준비시키고, 여러 시도를 하며 도전해보는 것은 회사 다니면서 해보아도 된다. 그렇게 준비가 되면 언젠가 기회는 찾아온다. 그때 퇴사는 선택이 된다. 그러면 회사는 더 이상 나의 목줄이 아닌 내가 선택한 하나의 선택에 불과해진다.

회사가 선택이 되면 회사생활도 가뿐해진다. 내 안에 다른 길이 있다는 것을 아는 것만으로도 자유로워진다. 눈치 볼 필요 없이 나의 소신껏, 여유 있게 일할 수 있게 된다. 무기력증에서도 벗어날 수 있다. 핵심에 집중해서 일도 효율적으로 하게 된다. 오히려 회사에서 에너지가 더 좋아지고 활력이 있어진다.

배움과 성장은 누구에게나 필요하다. 그것은 퇴사할 마음이 있어서 하는 것이 아니라 내가 더 행복하고 풍성한 삶을 살기 위해 하는 것이다. 내 삶을 보다 폭넓은 시야로 바라보게 해주고 더 풍성한 경험으로 채워가기 위해 배우고 성장하는 것이다. 그렇게 배우고 성장하는 가운데 퇴사는 선택으로 다가온다. 그때 더 좋은 것을 선택하면 되는 것이다.

분명한 것은 아무것도 하지 않으면 아무일도 일어나지 않는다는 것과 기회는 준비된 자에게 온다는 것이다. 그래서 나는 오늘도 좋은 일이 일어날 것을 꿈꾸며 그것을 맞이할 준비를 한다. 그 기회 놓치고 싶지 않으니 말이다.

평생 직장 No! 평생 성장 Yes!
파워 루틴이의 성장비결

4

똑똑하고 야무진 한 후배가 있었다. 항상 싱글싱글 웃으면서 친절하고 싹싹하기까지 한 K대리. 그 후배의 진가는 상사에게 꾸지람을 들을 때 나온다. 아직 당연히 배울 것이 많은 3년 차 K대리는 상사의 피드백과 조언을 아주 달게 받는다. 한마디로 혼날 줄 안다. 급한 성격에 다그치듯 닦달하는 상사의 잔소리도 잘 받아낸다. 얼굴빛 하나 울그락 불그락 없이 부족한 부분을 얼른 받아 적어 보완해낸다. 어떨 땐 사람인지라 좀 부끄러워하긴 해도 얼른 평정심을 되찾고 업무에 집중한다. 그러니 혼내는 상사도, 알려주는 선배도 마음이 편하다. 차근차근 업무를 잘 배워놓으니 이제는 부서에 K대리가 없으면 물어볼 사람이 없을 정도다.

한번은 K대리랑 커피를 마시며 물어보았다. 나는 아직도 부장님께 안 좋은 소리를 들으면 창피하고 자존심도 상하던데, 어떻게 그렇게 잘 듣고 잘 배우냐고 말이다. 그랬더니 그 K대리가 하는 말이 머리를 때렸다.

"그냥 배울 것에 집중해서 들으면 돼요~"

✖ 고정 마인드셋과 성장 마인드셋

후배는 지금 당장 완벽하지 않아도 무언가를 배우고 더 나아지는 것에 집중했다. 그러니 부족한 부분을 조금씩 개선해가며 성장해갔고 결국 회사 전반적인 업무를 그 누구보다 빨리 파악하고 자신만의 입지를 다져갈 수 있었던 것이다. 이것이 단지 이 후배의 낙천적이고 해맑은 성격 때문이었을까?

우리가 보통 성격이라고 여겼던 것들이 실제로는 마인드셋의 차이에서 비롯된 것인 경우가 많다. 마인드셋은 고정 마인드셋과 성장 마인드셋이 있는데, 이 마인드셋의 차이가 인생을 대하는 태도뿐만 아니라 인생의 성과도 좌우한다.

고정 마인드셋

고정 마인드셋은 나의 능력이 변하지 않는다고 믿는 것에 바탕을 둔다. 곧 사람의 능력은 타고나는 것, 변화하기 어려운 것으로 믿는 마음가짐이다. 고정 마인드셋을 가진 사람들은 스스로 더 성장하고 발전할 여지가 없다고 생각하기 때문에 나의 능력으로 해낸 일이 결과가 좋지 않을 때 나 자체에 대한 실패로 여긴다.

그래서 지금 당장 완벽하고 똑똑하게 해내고 싶어하고 그럴 수 없다면 시도도 하려하지 않는다. 모든 상황이 완벽하고 충분히 안전하다고 느낄 때에만, 즉 지금 당장 나를 증명해보일 수 있을 때에만 의욕이 생기고, 어렵고 서툰 느낌이 들 때에는 흥미를 잃어버리고 마는 것이다. 아무 실수도 없이 완벽하고 빠르게 해내어 다른 사람에게 나를 증명하고 싶은 마음에 늘 마음이 조급하고 여유가 없다. 남에게 보여지는 나의 모습에 신경 쓰며 내가 가진 자질이 크게 보여지는 것, 나를 증명해 보이는 것에 중점을 두려는 일 처리 방식을 갖는다.

그래서 고정 마인드셋인 사람은 어렵거나 익숙하지 않은 업무를 맡게 되면 숨이 '턱'하고 막혀버린다. 지금 당장은 부족하지만 알아가고 배워가면 결국 해결할 수 있다는 생각에 이르지 못하니, 막막하고 부담스러워 큰 압박을 느낀다. 그리고는 얼른 내 수준 안에서 할 수 있는 범위로 일을 급히 마무리시키려 한다. 그러니 늘 자신의 성과물에 자신이 없고 만족이 되지 않는다. 결과물에 대한 피드백에 예민하게 반응하게 될 뿐이다. 무사히 업무가 마무리된다 하더라도 해내기 급급했던 나머지 나의 경험과 노하우로 남는 것이 별로 없다. 연차는 쌓이지만 진짜 실력은 늘지 않으니 매번 모든 일이 새롭고 어렵기만 할 뿐이다.

성장 마인드셋

반면에 성장 마인드셋은 지금 현재 나의 자질이 단지 출발점이라고 인식한다. 나의 능력이나 자질은 얼마든지 길러낼 수 있다는 믿음에 바탕을 둔다. 어떠한 결과에도 쉽게 낙담하거나 단념하지 않고 배우고 성장하는 경험으로 삼는다. 그리고 당장의 완벽보다는 시간이 걸리더라도 무언가를 배우고 성과를 얻는 그 과정을 중요하게 생각한다. 그 과정에서 기쁨과 성취를 느낀다. 성장 마인드셋을 가진 사람들은 지금 부족한 것을 인정하고 배우는 데 집중하는 것이다.

인간관계에 있어서도 고정 마인드셋은 지금 나를 존중해주고 내가 완벽하게 느껴지는 인간관계를 선호한다. 그래서 나의 부족함이 드러나거나 나의 부족한 점을 개선할 수 있게 도와주려 하는 사람을 불편하게 느낀다면, 반대로 성장 마인드셋을 가진 사람은 자신의 발전을 도와줄 수 있는 사람을 원하고 그 관계를 통해 배우고 성장하려 한다.

K대리는 이러한 성장 마인드셋의 전형적인 모델이었던 것이다.

✖ 성장통은 발전을 위한 통과의례!

나 또한 고정 마인드셋에서 성장 마인드셋으로 변화되는 과정에서 적잖은 진통을 겪었다. 뼛속까지 고정 마인드셋이었던 나는 공부든 업무든 결과로 나를 증명해야한다는 압박감이 컸다. 그래서 잘할 수 없어 보이는 것은 처음부터 시작하지 않았다. 배우는 과정이 즐겁기보다는 괴로웠고, 결과가 좋지 않을까 노심초사하며, 과정을 즐기지도 역량을 마음껏 발휘해보지도 못했다. 마음은 이것저것 배우고 싶고 잘하고 싶지만 나의 마인드셋이 바뀌지 않는 한 시작할 힘도 지속할 힘도 내기 어려웠다.

하지만 오늘 하루가 목표를 이루기 위해 배우고 성장하는 시간, 그 과정이라는 것을 알게 된 후로는 완벽하지 않은 내 모습이 용납되기 시작했다. 나의 부족한 모습이 영원하지는 않을 것이라는 믿음, 어제보다 오늘 더 발전하고 성장하고 있다는 그 마음가짐 하나로 나는 고정 마인드셋에서 해방되었던 것이다.

나를 용납하니 다른 사람을 더 용납할 줄 알게 되었다. 나 자신에게 엄격하게 대하고 나조차 나를 결과로 판단했을 때에는 다른 사람 또한 평가절하하고 편견을 가지고 부정적으로 바라보기도 했다. 하지만 나의 사고방식이 성장 마인드셋으로 긍정적인 시야로 바뀌니 다른 사람 또한 더 긍정적으로 바라보는 여유도 생긴 것이다.

나를 증명해보이기 위한 것이 동기가 되면 무조건 참고 견뎌내야 한다. 힘들어도 참고, 졸려도 참고, 괴로워도 참는다. 결국 실패로 돌아가면 나를 자책하기 바쁘다. 그리고 그 과정은 괴롭기만 하다. 하지만 나의 모든 행동의 동기가 성장일 때에는 조금 더 즐거운 마음으로 꾸준히 노력할 수 있다. 그토록 바라던 조금씩 꾸준히 점점 더 발전하는 내가 되는 것이다. 시도하고 도전해가며 성장하는 삶을 사는 것이다. 이것이 평생 성장하는 성장비결이다. 마인드셋부터 성장의 방향으로 바꾸어야 성장의 길이 열린다.

어떤 방향으로든 인생을 잘 살아보고 싶은 마음은 누구나 있다. 하지만 그 인생을 이뤄가는 한순간 한순간도 나의 인생인데, 나를 무시하고 자책하며 닦달할 필요는 없다. 웃으며 즐기고 여유롭게, 때론 뻔뻔하게 나를 아끼고 보듬으며 갈 수도 있다. 지금 내가 당장 부족하다고 끝까지 부족한 것이 아니다. 조금씩 발전해나가고 있다면 이미 성장의 길에 들어선 것이니 그 길로 쭉 가기만 하면 된다.

여태껏 나를 몰아치느라 늘 압박 속에 나의 최대 역량을 뽑아내 본 적조차 없다면 이제 그 역량을 발견할 기회다. 오늘부터는 온전히 내 편이 되어 성장해 나가보자. 어설픈 나의 실수도 행복하게 쌓아보자. 그리고 다독여주자.

'몰라서 그렇지~. 처음부터 잘하는 사람이 어딨어?'

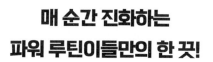

매 순간 진화하는
파워 루틴이들만의 한 끗!

5

"그래서 퇴사하고 이제 뭐 할 건데?"

회사를 퇴사하고 예전 회사사람들을 만나면 다들 의심 섞인 질문을 던졌다. 회사 밖 세상은 언제 죽을지 모르는 전쟁터이자 엄청나게 괴로운 헌신이 있어야 한다고 여기는 나의 직장 동료, 선배, 후배들. 그들은 나의 사업계획에 고개를 절레절레 흔든다.

"아이고 나는 그냥 회사에서 일할래. 생각만 해도 피곤하다야."

회사를 다니면 회사 밖 세상은 너무나도 막연하다. 완전히 다른 부류의 사람들이 사는 세상일 뿐이다. 사업을 해서 성공한 사람은 저 세상 사람들 이야기일 뿐, 매일 매순간 나의 의욕과 의지로 새로운 일을 헤쳐나가는 것은 생각만 해도 피곤 그 자체이다. 하루에 한 번도 진짜 행복을 느껴보지 못할지언정 그냥 주어진 일을 하는 삶이 속 편하고 리스크가 가장 적다. 그래서 그냥 버틴다. 그렇게 오늘을 살아낸다.

✖ 퇴사하고 달라진 것 한 가지

나 또한 회사를 그만두고 내 사업을 하겠다며 이리저리 뛰어다니고 하루종일 어떻게 하면 더 좋은 시스템을 만들까 고민하다보면 '와 이렇게 바쁘려고 퇴사했나?'라는 생각이 절로 든다. 심지어 아직은 회사생활 때에 비해 돈벌이도 변변찮으니 내가 뭐하고 있나 싶기도 하다.

그런데 딱 하나 달라진 점이 있다. 하루는 자려고 눕는데 나도 모르게 피식 웃음이 나왔다. 하루종일 나름 열심히 보냈는데도 아직 해야할 일들이 머리 속에 꽉 차 있었다.

'와~, 왜 이렇게 할게 많냐. 진짜 바쁘네.'

이런 생각이 드는데 정작 나는 짜증과 화가 아닌 웃음이 난 것이다. '아이, 모르겠다~'하며 그렇게 잠이 들었다.

난생 처음 내가 주도적으로 할 일들을 찾아서 하니 끝도 없이 할 게 많았다. 때로는 겁이 나면서도 한편으로는 재미도 있었다. 아직은 불확실한 미래지만 내가 목표한 곳을 바라보며 가는 그 과정이 온전히 나의 것으로 쌓여가는 느낌, 아니 확신이 들었다. 어제보다 하루 더 성장하고 내가 바라는 성공으로 한 걸음 더 나아가는 그 방향성이 나를 움직이게 했다.

회사에서 일에 치여 자정이 다 되어서야 집에 와서 씻고 누울 때는 정말 괴로웠었다. '이 일을 내가 잘 끝낼 수 있을까? 내가 지금 놓치고 있는 것은 없나?'라는 압박과 스트레스, 불안에 일이 얼른 마무리 되기만을 바라며 숨죽이는 삶을 살았다.

사실 똑같은 몰입과 열심이지만 내가 하루하루 성장하며 좋아하는 일을 주도적으로 해나가는 삶은 웃음과 성취감이 뒤따랐고, 수동적으로 떠밀려 실수하지 않으려 애쓰는 하루하루는 아프고 피곤했다. 결국 내가 하는 일이 내가 살고 싶은 삶으로 가는 길, 그 과정 안에 있어야 행복하다.

회사에서의 일도, 나의 사업도 다 똑같다. 내가 어떤 사람이 되고 싶은지, 이루고 싶은 것이 무엇인지를 정하고 그 목표를 향해 가는 과정 속에 살아야 그 시간을 즐길 수 있다. 지금의 이 고생이 성공을 위한 과정 속 한 부분이라면 견딜만, 아니 신이 난다. 그러한 과정을 잘 쌓아온 사람은 무얼 해도 성공한다. 그 과정에서 자신을 발견하고 업무효율뿐 아니라 실제 돈을 더 많이 버는 것으로 이어질 수 있다.

✖ 미래의 내가 살아가는 오늘 하루

회사가 있으니 당장은 먹고살 걱정 없다고 안주하기에는 우리의 남은 인생이 길다. 그리고 지금 이 순간도 그다지 행복하지 않다. 내가 어떤 삶을 살고 싶은지부터 내뱉어 보자. 그것이 가능한지, 다른 누가 어떻게 생각할지에 휘둘리지 말고 진짜 '내가' 바라는 삶 말이다. 그 삶을 살기 위한 한 걸음이 오늘, 지금 이 순간이면 된다.

그리고 적극적으로 내가 좋아하고 잘하는 것을 탐색해보자. 어차피 완벽한 때는 없다. 지금 내 상황 속에서 조금씩 관심 갖는 것부터가 시작이다. 퇴근 후 취미활동이든 독서든 영어공부든 각종 모임이든, 아니면 요리든, 명상이든, 산책이든 무엇이든 좋으니 나를 발견하는 시간을 갖는 것이다. 나중에 찾아야지 생각하면 늦는다. 그리고 찾는다고 끝이 아니다. 그것을 실력으로 쌓아갈 시간과 시행착오의 시간은 별도이기 때문이다.

나의 꿈을 발견하고 재능까지 연결되었다면 이제는 수익화를 위한 구상을 해야한다. 아무리 많은 재능과 탄탄한 실력이 갖춰졌다해도 그것을 수익으로 만드는 능력이 있어야 내가 진짜 바라는 삶으로 연결될 수 있다. 아무리 좋아하는 일이라도 1년 365일 매일 생계를 위해 매여있고 싶지는 않다. 내가 조금 더 생계로부터 자유로워져서 경제적, 시간적 자유를 누릴 수 있도록 수익화 시스템으로 연결하는 것이 마지막 관문인 것이다.

우선 무료로 재능기부부터 해보자. 무료 강의를 열고 무료 챌린지를 리드해보고 무료 모임을 주선해보자. 매일 무료 정보를 제공해보아도 좋고 모든 과정을 글로 기록하고 자료화해두는 것도 좋다. 그냥 즐기는 선에서 끝내지 말고 한 끗만 더 나아가서 수익화를 위한 기초로 활용해보자. 그 과정에서 내 진짜 실력이 늘고 사업으로 전환할 기회도 생기게 된다.

회사를 다녀서 시간이 없다고 생각하면 오산이다. 회사 안에서도 배워야 할 것들은 넘쳐난다. 그리고 따박따박 들어오는 월급은 내가 작은 시도라도 해볼 수 있는 지원군이 되어준다. 또 한가지 중요한 사실은 꿈을 찾는 것도, 나의 적성을 발견하는 것도, 수익화 시스템을 마련하고 마케팅 감을 익히는 것도 하루아침에 이뤄지지 않는다는 것이다. 시행착오를 하고 배우고 쌓아가는 시간을 회사라는 울타리 안에서 확보해 낸다면 그것만큼 좋은 것이 있을까?

내가 미래를 위해 준비하고 있으면 든든한 뒷심이 생긴다. 회사에서도 뭔지 모를 자신감이 있다. 사람에게 절절 매지 않아도 된다. 때에 맞는 승진도 중요하지만, 설령 이런저런 상황으로 늦춰진다해도 견딜 힘이 생긴다. 내가 남몰래 단단하게 쌓아온 기본기들은 기회를 만나면 결국 나에게 큰 성과로 돌아오게 되어 있다.

오늘 하루는 내가 바라는 미래의 내가 되기 위한 한 걸음이다. 미래를 바꾸고 싶다면, 미래를 선명하게 그려보고 싶다면 오늘의 내가 달라져야 한다. 내 인생 목표를 이루기 위해 오늘이라는 기초를 쌓아가보자.

Chapter.2

공기업 17년 차
파워 루틴이 여차장의
인생 조언

젊은 꼰대가
되지 않으려면

1

내 나이 23살에 입사했으니 나는 연차에 비해 젊은 선배이다. 그래서인지 비교적 후배들이 편하게 잘 따른다. 나 또한 후배들에게 밥도 사주고 커피도 사주고(물론 후배들이 먼저 원할 때만이다.) 이야기도 잘 들어주며 나름 좋은 선배가 되려 노력한다. 그들이 도움을 요청할 때에는 선배로서 조언을 해주지만 평소에 잔소리는 아낀다. 잔소리는커녕 오히려 나를 깎아 내리는 유머로 나를 낮추기도 한다. 그것이 후배들과 잘 지내는 비결 아닌 비결이다. 그리고 먼저 다가가기 전에 한 번 더 참는다. 아무리 친해도 그들에겐 어쨌거나 불편할 수 있는 한 세대 위(굳이 MZ세대로 묶어 같은 세대라 우기지만 실질적으로는 X세대와 M세대 사이 어딘가에 껴있는 듯하다.) 선배이니까 말이다. 어떨 때는 내가 선배가 맞나 싶기도 해서 씁쓸한 웃음이 나오기도 한다.

그런데 정작 후배들이 자신들의 후배를 대할 때는 조금 다르다. 선배인 나에게는 깍듯하고 싹싹한 후배지만 자신의 후배에게는 쌀쌀맞게 구는 후배를 보곤 한다. 선배 노릇 하려는 모습이 귀엽게 보이다가도 바짝 긴장해 쩔쩔매는 신입을 보면 안쓰럽기도 하다. 자신의 후배에게도 좀 더 나이스하게 잘 대해주고 부족한 부분을 품어주는 멋진 선배가 되면 좋겠다는 아쉬움이 든다. 그 롤모델이 내가 될 수 있도록 먼저 노력해야 하는 부분이기도 했다.

✖ '젊꼰'의 등장

1960년대생을 베이비부머 세대, 1970년대생을 X세대, 1980년대생을 밀레니얼 M세대, 1990년대생을 Z세대(합쳐서 MZ세대)라고 부른다. 세대별 살아온 시대적 배경이 다르니 세대 간 갈등은 어쩌면 당연하다. 세대 간 갈등은 익히 들어 잘 알고 있을 뿐 아니라 위의 세대건 아래 세대건 서로 조심스럽게 다가가며 그 선을 지켜나간다. 하지만 같은 세대 내에서의 갈등은 다소 생소하다. 같은 세대라 하더라도 각 세대별 특징에 더해 각자의 개인적인 성장환경까지 다르다보니 같은 세대 내에서의 갈등은 존재한다. 이것이 바로 같은 세대 내의 젊은 꼰대와의 갈등이다.

사회초년생이 회사생활이 힘든 것은 사실 부장님 때문이 아니라 자신보다 몇 년 먼저 입사한 바로 위 선배 때문일 때가 많다. 이들은 이런 선배를 젊꼰, 젊은 꼰대라 부른다. 꼰대는 권위적인 사고를 가진 사람을 비하하는 말로 자기가 옳다는 생각으로 남에게 충고하는 사람, 본인의 과거 경험에 비추어 현재를 마음대로 판단하는 사람을 뜻한다. 그런데 젊은 나이임에도 자신의 경험이 전부인 것처럼 이야기하고 명령을 늘어놓는 젊은 꼰대, '젊꼰'이 늘어나고 있다고 한다.

기성세대는 오히려 젊은 사람을 조심스러워하고 불편해하고 피하는 모습을 보이지만, 나이도 경력도 크게 차이나지 않는 바로 위 선배는 "나도 해봐서 아는데"라며 인생 대선배인 양 충고하려 든다는 것이다.

✖ 중요한 건 초심

처음 사회생활을 시작할 때는 누구나 꼰대와는 거리가 먼, 겸손한 마음가짐으로 시작한다. 하지만 어느 정도 연차가 쌓이고 회사 시스템이 눈에 보이기 시작하면 자신도 모르게 자신의 지식과 경험을 다른 사람에게 가르치려 하는 본능이 일어난다. 자신의 지식을 드러냄으로써 자존감을 높이고 인정받고자 하는 욕구, 무시당하지 않고 싶은 마음이 생기는 것이다. '아이고 못났다' 싶은가? 인간은 누구나 그렇다. 그래서 그것을 잘 관리하고 초심을 잃지 않는 것이 중요하다.

연차가 쌓일수록, 후배가 많아질수록 계속해서 자신을 돌아보아야 한다. 내가 너무 내 이야기만 하고 있지는 않은지, 내가 혹시 무시 당하지 않으려는, 나의 무능을 들키지 않으려는 마음에 자격지심으로 아무 말이나 내뱉고 있는 것은 아닌지 살펴야 한다. 내가 후배를 지나치게 보수적이고 엄격한 기준으로 대하고 있는 것은 아닌지, 상대방의 상황을 무시하고 있는 것은 아닌지 말이다. 지속적으로 나를 객관적으로 바라보고 스스로 피드백을 해보는 것이 중요하다.

✖ 낮추면 높아지고 높이면 낮아진다

그리고 동시에 선배로서 진짜 실력을 키워야 한다. 사실 몇 년 후배와 나는 실력면에서 엄청나게 차이가 나지 않는다. 단지 그 일을 해봤느냐 안 해봤느냐의 차이다. 사실 이 차이가 크다면 큰 것이지만 내가 어줍잖은 실력과 지식으로 가르치려 한다면 상대도 단번에 알아차린다. 차라리 공감하고 소통함으로 자신의 아는 범위 내에서 설명해주는 태도가 더 멋있다. 그리고 진짜 실력은 자연스레 드러나게 되어 있다.

한 사람의 인품은 후배를 대하는 태도를 보면 나온다. 상사에게는 깍듯한 듯싶어도 후배들에게 업무지시를 할 때면 강압적이고 교만한 태도로 한다면 그 사람의 성품이 좋아보일 리 없다. 어린 후배, 연차가 낮은 후배를 깍듯이 대하고 존중해주면 나의 인격 또한 달라보인다.

사실 나 또한 신입 때는 어리숙했고 내가 생각해도 바보 같은 실수들을 하기도 했다. 할 줄 아는 것이 참 없었다. 나의 성공담이 아닌 실패담을 공유해주고 내가 그랬듯 그들의 작은 실수 또한 용납해주어야 한다. 그 시기를 기다려주고 친절을 베풀어준 선배는 잊히지 않는다. 그런 선배는 후배들이 자연스레 따른다. 먼저 이해해주고 용납해주고 품어주자. 그러면 내가 어려울 때 후배들이 찾아와 든든한 지원군이 되어준다.

내가 나를 높이려 하고 부족한 논리로 후배를 야단치면 당장은 내 이야기를 들어주는 것 같아도 결국엔 나를 우습게 생각하고 무시한다. 서로 이리 재고 저리 재며, 눈치 게임하듯 일하는 것만큼 피곤한 것이 없다. 허심탄회하게 상황을 공유하고 서로 돕는 분위기는 나부터 만들어가야 하는 것이다.

나는 여러분이 멋진 선배, 멋진 사람이 되었으면 좋겠다. 그래야 직장생활도 재밌다. 일도 훨씬 수월하다. 회사에서 영향력과 존재감이 날로 커진다. 내가 좋은 선배가 되려할 때 비로소 나의 사수도 보이고 나의 상사도 보인다. 선배들에게 고마움이 절로 느껴져 더 잘해드리게 된다.

후배를 받아봐야 철이 드는 걸까? 나 또한 이제야 철이 들어 그 시절 나를 온전히 받아준 선배에게 진심으로 고마움을 느낀다. '내가 뭐라고….' 후배라는 이유 하나만으로 잘해주신 선배님들 감사합니다.

가장 예쁠 나이에도
루틴 공식은 필요하다

2

    부서의 새 멤버, 젊은·신입 직원과 나는 사무실 근처의 카페에서 차를 마시며 처음으로 제대로 인사를 나눴다. 커피를 홀짝이며 가벼운 이야기를 나누던 중, 나는 그 신입직원에게 물었다.

    "그럼 몇 년생인 거예요?"

    그 신입직원이 대답했다.

    "네, 저는 2000년생입니다."

    그 말을 듣는 순간, 나는 잠시 당황했다. 2000년생이라니…. 순간적으로 나이가 계산되지 않았다. '00학번? 아니아니, 00년생? 00년 입사?' 한동안 머릿속이 혼란스럽다가 그제야 이해가 되었다.

    "와, 벌써 2000년생이 회사에 들어올 나이가 되었구나."

그리고는 몰래 계산해보았다.

'내가 대학교 다닐 때 이 친구는 세 살이었던거야?'

동시에 내가 갓 입사했을 때 부서 사람들이 나를 보고 보였던 똑같은 반응들이 떠올랐다. '나도 그럴 때가 있었는데' 하고 왠지 모를 씁쓸한 뭔가가 올라왔다. 한창 막내시절에는 까마득한 선배들을 보며 나는 언제까지나 막내일 것만 같았는데 이렇게 어린 후배를 받았으니 말이다.

✖ 나만의 매력으로 무장해야 할 시기

그렇다. 어리면 예쁘다. 나이 자체가 주는 예쁨과 활력이 있다. 그 시기를 누구나 부러워한다. 하지만 누구나 그렇듯 어려서 예쁜 시기는 잠깐이다. 한 해 한 해 나이를 먹어갈수록 나보다 어린 후배들은 밀려온다. 이것이 나이가 나의 유일한 무기여서는 안 되는 이유다. 나이에 안심하고 안주해서도 안 된다. 나이는 나만의 매력이 되지 못한다. 그저 지나가는 특권의 시간일 뿐이다. 그 시간을 대책 없이 그냥 허비하며 살기에는 진짜 매력으로 무장해야 할 40대를 아무런 무기 없이 들어서게 되는 것과 같다.

나에게 한 번 주어지는 20대, 30대 가장 예쁜 나이를 낭비하지 말자. 이 시기는 조금만 바꾸고 노력하면 돋보일 수 있는 나이기도 하다. 아무도 70대 할아버지의 아침 기상을 특별히 응원하지는 않지만, 20대의 아침 기상은 기특하고 멋진 도전으로 인정해준다. 조금만 노력하면 특별해질 수 있는 좋은 시기인 것이다. 그 시기에 해낸 작은 루틴들의 값어치는 백 배 천 배가 되어 나에게 되돌아온다.

한창 예쁠 나이, 그 시절에도 나만의 매력과 실력을 만들어줄 루틴공식은 필요하다. 파워루틴으로 나의 일상을 탄탄하게 잡아가면 삶이 정돈된다. 그 정돈된 삶 속에서 비로소 진짜 나를 만나게 되고 나만의 매력을 발견하게 된다. 그리고 자신만의 매력으로 한층 더 예쁘고 탄탄한 매력적인 삶을 살 수 있는 것이다.

✖ 일 잘하는 것도 매력

상황과 때에 맞는 매력이 있다. 회사에서는 업무능력이 나의 매력이 되어준다. 업무능력은 연차에 비해 한참 부족한데 단지 몇 년 선배인 것 하나만 믿고 지내다가는 후배들 눈에 자격지심에 쩔어있는 젊은 꼰대로 비칠 뿐이다. 업무능력과 비즈니스 매너를 나의 무기로 준비해야 한다. 그러려면 집중과 몰입의 시간은 필수이다. 재밌어야 지속할 수 있다. 그리고 잘 해야 재밌다. 먼저 잘 할 수 있게 시간과 노력을 들여보자. 탄탄한 업무능력은 나의 자존감을 올려주고 인생을 허비하지 않게 해준다. 일할 때도 루틴이 필요하다. 루틴으로 정돈된 업무 일상은 나에게 더 효율적으로, 주도적으로 일하는 즐거움을 맛보게 해준다. 어차피할 일, 나의 내공으로 삼아 진짜로 나를 위한 '남는 장사'를 하게해준다.

✕ 돈이 주는 자신감

돈에 대한 마인드를 바로잡고 돈을 잘 관리해야 한다. 든든한 종잣돈은 나를 단단한 자신감으로 무장시킨다. 직장에 들어와서 4~5년 잘 즐겼는가? 지금이 갈림길이다. 누군가는 건강한 부의 마인드를 가지고 멋진 미래를 꿈꾼다. 또 누군가는 현재를 있어 보이게 꾸미는 데 집중한다. 돈이 줄줄 새는 것을 막고 나의 성장을 위해 멋지게 투자할 줄 아는 루틴이 필요하다. 지금부터 부자 루틴을 장착해보자. 돈을 벌고, 돈을 모으는 것은 일상 그 자체다. 그것을 루틴화하고 내 것으로 만들어야 한다. 알고보니 알짜 부자! 잔잔한 미소와 여유가 얼굴에 저절로 묻어난다.

✕ 건강은 기본기

30대에 반드시 사수해야 할 마지막 루틴은 건강 루틴이다. 30대부터 몸에 신호가 온다. 혈당 조절이 안 되고 살이 찐다. 위와

장, 자궁, 갑상선 등에는 각종 문제들이 생긴다. 탈모로 고생하기도 하고 우울증, 공황장애 같은 마음의 병이 생기기도 한다. 이런 저런 몸의 신호에도 사실 아직은 살만하다. 아직은 젊다는 생각에 걱정은 되지만 진짜 걱정은 하지 않는다. 하지만 이 시기를 내가 어떻게 보내느냐는 40대 삶의 질을 좌우한다. 식습관, 생활습관을 바꾸지 않으면 몸은 점점 더 아파오고 얼굴은 급노화가 시작된다. 자기관리가 얼굴과 몸에 드러나기 시작한다. 모든 자기관리의 시작은 건강 루틴이다.

각자 지금부터라도 현재의 미숙한 나와 마주해보자. 그리고 나의 부족함을 다독여주고 충분히 사랑해주고 이해해주자. 그리고는 이제 다시오지 않을 나의 귀한 젊은 날, 예쁜 날들을 좀 더 아껴주기로 마음먹어 보자. 그 실행을 이 책이 제안하는 파워루틴으로 함께한다면 지금 이 순간 시간의 질과 결과는 달라질 수밖에 없다.

나이 먹는 것에 대해 걱정하지 마라. 성장하지 못하는 것에 대해 생각하라

-필립 로스

그렇다면 나는 나의 가장 예쁠 시기를 후회 없이 잘 보냈을까? 당연히 아니다. 돌아보면 아쉬움이 많이 남는다. 커리어도

돈도 건강도 똑똑하게 챙기지 못했다. 부끄럽지만 챙겨야 하는지도 몰랐다. 아무도 알려주지 않았고 모르니 관심도 없었다. 하지만 그 시절을 원망하고 후회하지 않기로 했다. 그 시절의 나또한 최선을 다했고 충분히 애썼을 테니까 말이다. 지금부터라도 하루를 탄탄하게 살아가면 된다. 그래서 나는 매일 매일이 리즈 갱신이다.

요즘엔 60대도 청춘이다. 어떤 기준으로 누군가의 인생을 늦었다고 판단할 수 있을까? 늦은 나이란 없다. 단지, 내가 20대, 30대에 좋은 자원을 잘 가꾸고 쌓아 놓으면 그 이후 새로운 출발의 시작점이 다를 뿐이다. 그리고 그 차이는 대단하다. 나이가 아닌 나의 진짜 무기, 나만의 매력으로 나를 준비시키자. 훨씬 더 안정되고 능력 있고 활력 넘치는 나의 인생을 위하여.

혹시 늦었다고 생각하는
사람들을 위한 이야기

3

회사에 합격하고 신입사원 연수원에서의 일이다. 10년 후 나에게 편지를 쓰는 시간이 있었다. 10년? 너무 멀어서 과연 10년 후가 나에게 오긴 하는 걸까 싶은 시간이었다. 마음을 가다듬고 나에게 편지를 써본다.

"10년 후 세연아, 너는 지금 차장쯤 되어 있겠지? 30대 중반이니, 결혼은 했을 거고, 아이는 둘 쯤 있겠네? 멋지고 자상한 남편과 예쁜 집에서 알콩달콩 살고 있을 모습이 너무 행복해보인다. 그동안 고생 많았고 이제 누리면서 살아. 꿈꾸던 가정, 멋진 커리어, 멋지다 정세연~!"

장밋빛 미래였다. 그렇다면 현재 나는 내가 꿈꾸던 그 삶을 살고 있을까? 하나도 이뤄진 게 없어 민망한 웃음이 나온다. 나는 지금 멋지고 자상한 남편도, 토끼같은 아이들도, 예쁜 집도 없다. 차장은 입사 15년 차에 겨우 달았다. 결혼에 대한 조급함으로 주말마다 예쁘게 차려 입고 선을 보러 다니기를 멈춘 게 불과 얼마 전 이야기이다. 그동안 나는 내가 정답이라고 생각했던 삶으로 가기 위해 무던히도 애를 쓰며 살았다. 최대한 새로운 것에 대한 시도는 자제했다. 언제 결혼할지 모르니까, 어디로 발령 날지 모르니까, 이것도 저것도 아니면 너무 늦은 것 같아서, 아무것도!! 하지 않는 삶을 선택했다.

지금 나는 내가 원하는 삶을 이루지 못했다는 아쉬움보다는 아무것도 시도하지 않은 것이 몇백 배 더 후회가 된다. 뭐든 배우고 뭐든 시도해볼 걸, 꾸준히 해볼 걸, 많이 경험해볼 걸 말이다. 지금 생각하면 33살이 뭐가 나이가 많다고 그렇게 몸과 마음을 사리며 살았을까? 그러다 정신이 번쩍든다.

'이러다간 10년 후, 아니 당장 1년 후에도 똑같은 후회를 하겠구나.'

고3 때는 재수가 마치 인생 실패처럼 느껴지기도 하고, 대학을 졸업하고는 취업이 남들보다 1~2년 늦어지는 것 또한 엄청난 불안감으로 다가온다. 결혼 또한 그렇다. 내가 쟤보다는 빨리 가지 않을까 내심 마음 놓고 있던 친구로부터 청첩장을 받으면 세상이 무너지는 느낌이 들기도 한다. 끝없는 비교 속에서는 나는 항상 '늦은 사람'일 뿐이다.

✖ 늦은 삶이란 없다

무엇이 기준이 되어 나의 인생을 늦었다고 할 수 있을까?

예전에는 좋은 대학에 가고 안정적인 직장에 취업하고 살다 보면 얼추 한평생을 한 직장에서 살아낼 수 있었다. 지금은 어떤 가? 세상의 변화는 몰라보게 빨라졌고 평생직장의 개념도 사라지고 있으며 사람들의 수명은 훨씬 길어졌다. 급변하는 시대 속, 각자 인생에 변화와 새로운 시도는 필수가 되었다. 지금 시도하지 않으면 더 늦게 더 큰 기회비용을 지불하며 어쩔 수 없이 감내해야 할 것이다. 변화는 필수다. 이제 받아들이고 시작할 때다.

나는 평생직장 공기업에 입사해 '정년보장' 하나만을 믿으며 모든 고생을 감내하던 중 이런 생각이 들었다.

'어차피 60살 정년을 어떻게든 채운다 하더라도 퇴직 후 또 다른 시작을 해야한다면, 지금 그 새로운 시작을 해보는 것은 어떨까?'

이 질문이 나를 퇴사로 이끌었다. 좀 더 어리고 좀 더 실행력이 있을 때 준비하고 시도해보고 새로운 삶에 도전해보고 싶었다.

무언가 새로운 분야를 시도하고 도전하는 것은 그때가 언제라도 결코 쉬운 일이 아니다. 더구나 우리의 편견 속 진로는 20대, 적어도 30대 초반에는 정해져야 한다고 굳게 믿고 있기 때문에, 30대부터는 변화가 더더욱 두렵게 느껴진다. 사실 그래서 대부분 변화하기를 포기한다. 늦었다고 말이다. 나조차도 '30대 후반에 안정적인 직장을 떠나 새로운 시작을 하기엔 너무 늦은게 아닐까?'라는 걱정을 떨쳐내기까지 2년이 넘게 걸렸다.

하지만 이번엔 달랐다. 걱정과 막막함 속에 예전처럼 모든 결정을 내려놓고 STOP 버튼을 누르지 않았다. 일단은 GO 버튼을 누르기로 선택했다. 내가 무얼 원하는지 어떤 걸 잘하는지 나의 꿈을 찾아가기 시작했다. 내가 지금이라도 집중해서 성장하기 시작한다면 이 시간들이 쌓여 나를 새로운 곳으로 인도해주리라 믿었다. 내 꿈에 집중하고 성장에 집중하니 늦었다는 생각보다는 빨리 꿈을 이루고 싶어졌다.

✖ 무조건 빨리 살아낸 삶이 꿈을 이룬게 아니다

내가 내 꿈을 갖고 꿈을 위해 살아가는 그 과정이 진짜 내 인생을 살아가는 것이다. 나를 찾고 나를 알아가고 꿈을 꾸고 그것을 이루기 위해 노력하며 자라가는 것이 중요하다. 그러다 보면 나는 어느새 내가 원하는 삶으로 한 걸음 다가가게 된다. 그것은 늦고 안 늦고의 문제가 아니다. 지금이 늦다면 내년에는, 내후년에는? 시간이 갈수록 더더욱 시작이 어렵지 않을까? 변화하고 싶다면 제일 빠른 '지금'이 딱이다.

마음먹고 1년 동안 책을 100권 읽어봐도 좋다. 건강하게 5kg 감량하고 체력을 길러놓아도 좋다. 운동 한 가지를 수준급으로 해봐도 좋고 SNS를 잘 키워봐도 좋다. 무언가에 집중하고 투자한 시간은 절대 사라지지 않는다. 하다보면 내가 좋아하고 잘하는 것을 찾게 되고, 무엇이든 다시 시작할 용기도 생긴다. 늦었다고 아무것도 하지 않으면 아무것도 쌓이지 않는다.

✖ 작은 것부터 시작해보자

내가 원하는 삶을 살 수 있는 하나의 작은 액션부터 쌓아가보자. 인내와 끈기로 소소하게 지속해보자. 대단한 것을 대단하게 할 생각 말고, 작은 것을 꾸준히 이어나가 보자. 그리고 평소 해보고 싶은 것부터 시도해보자. 어릴 적엔 내가 하고 싶은 것을 가정 환경 탓에, 사는 지역 탓에, 정보가 부족해서 못했다면, 이제는 내 힘으로 선택하고 시도할 수 있다. 이제 못 하는 것은 나의 선택이고 나의 책임이다. 누구의 탓도 아님을 명심해야 한다.

일상에 새로운 시도를 하고 그것을 꾸준히 해나가고, 좋은 선택을 해나가는 과정에 있어 내가 함께하는 사람들이 중요하다. 늘 똑같은 환경 속 고정 마인드셋을 가진 사람들로부터 잠시 벗어나보자. 그리고 성장 마인드를 가진 사람들과 함께해라. 그 곳에는 나보다 더한 환경에서 성장을 선택하고 이뤄낸 사람들이 많다. 성장하는 환경 속으로 나를 밀어넣어야 한다. 성장 환경 속에서 성장 루틴을 내 것으로 만들어보자.

지금 이 순간도 누군가는 늦었다며 멈출 것이다. 또 누군가는 지금부터 시작할 것이다. 멈추는 사람은 1년 후에도 똑같은 후회를 할 것이고, 지금 시작하는 사람은 1년 후에 성장해 있을 것이다. 그리고는 그 발판 위에 올라가 한 번 더 성장해낼 것이다. 매년 한 해를 그냥 흘려보내고, 그 한 해 한 해가 쌓여 5년, 10년의 뭉텅이 시간이 날아가는 것을 경험했다면, 이제는 달라져야 한다.

"자, 일어나 갈 길을 가라."

내 인생은
100% 내 책임이다

4

회사 때문에 아무것도 할 수가 없다고 생각한 적이 있었다. 아니 회사를 다닌 16년 넘는 기간 동안 대부분 그렇게 생각하며 지내왔다. 평일엔 회사에 매여서, 주말엔 회사일로 지쳐서, 회사가 멀어서, 내년엔 또 어디로 발령날지 몰라서, 휴가를 낼 수 없어서 등등. 늘 회사는 날 꽁꽁 묶어놓고 아무것도 못하게 만드는 그런 존재였다.

하지만 돌아보면 내가 원하면 퇴근 후 운동을 하러 가거나 새로운 모임에 나갈 수도 있었다. 주말에는 취미생활을 하며 그 시간을 최대한 즐겼을 수도 있었다. 발령이 나는 것을 막을 수 없다면 발령 받은 지역에서, 그 부서에서 또 새로운 경험을 쌓아가며 긍정적으로 생각했을 수도 있었다. 돌아보니 내가 생각하기 나름이었고 행동하기 나름이었다. 모든 것이 나의 선택이었다. 나는 회사의 희생양을 자처하며 스스로 피해자가 되어버렸던 것이다.

✖ 문제는 회사가 아니라 '나'

모든 것을 회사탓으로 돌렸던 시절, 나는 내 책임만 아니면 되는 줄 알았다. 하지만 나조차 책임지지 않는 내 인생이 행복할 리 없었다는 것을 뒤늦게 깨닫게 되었다. 어떻게 하면 같은 상황 속에서도 내가 성장하고 매 순간 더 행복한 선택을 해나갈 수 있을까?

첫째는 불평하지 말아야한다. 불평한다고 나아지는 것은 없다. 불평하고 남 탓을 하면 아주 잠깐은 마음이 편하다. 적어도 내 탓은 아니니까 말이다. 하지만 그렇게 당장의 편한 선택을 하다보면 마땅히 배워야할 것들을 놓치게 된다. 좋은 일이든 나쁜 일이든 다 경험이고 교훈인데 나쁜 일은 남탓으로 던져내기 바쁘니 배움도 없다. 그러니 똑같은 일이 계속 반복된다.

연차는 쌓여도 내공이 없어 고민이라면 매순간 배워야 할 것을 못 배우고 상황 탓을 하며 그 순간을 '모면'하기 바빴을 가능성이 크다. 어떤 상황이든 남 탓, 회사 탓, 세상 탓을 하면 그 상황에서 진짜 배워야할 것을 못 배운다. 탓하는 순간 주도권을 빼앗긴다. 책임지기 싫으니 내가 주도하는 일이 아닌 남이 주도하고 끌려가는 수동적인 업무 패턴을 갖게 될 수밖에 없다.

더구나 불평을 하는 순간, 투덜대고 징징대는 그 순간 그것은 오히려 내가 원하지 않는 것에 더 집중하게 만들고, 그런 상황들을 끌어당기게 된다. 불평은 자석 같아서 불평거리들을 끌어당기고 끌어당긴다. 결국엔 '아~, 되는 일이 하나도 없네.'하며 스트레스만 쌓여가는 것이다.

모든 것의 원인을 외부에서 찾는 버릇은 좋지 않다. 내가 그 상황에서 어떻게 반응하고 대응할 수 있는지는 나의 선택이고 그것은 결국 완전히 다른 결과로 이어진다. 탓하는 삶이 아닌, 내가 책임지는 삶을 살아야 한다. 기꺼이 내 책임 아래에 두고 내가 통제하고 내가 주도하는 삶을 살아야 한다. 내 생각과 태도부터 고쳐보자. 상황을 객관적으로 바라보고 나의 잘못이 있다면, 부족한 것이 있다면 인정하고 해야할 일에 집중해보자.

둘째는 나를 피해자라고 스스로 속이지 말아야 한다. 내 잘못이 아니라고 말하는 것을 멈춰야 한다. 모든 상황은 나의 생각과 행동으로 이어진 결과이다. 자기변명을 멈추고 피해자 행세를 그만두어야 한다.

사실 회사에서 퇴근하고 아무것도 안 하기로 선택한 것도 나다. 주말에 이런저런 모임에 나가기보다는 누워있기를 선택한 것도 나다. 이놈의 회사를 어떻게든 버티고 참고 다녀야겠다고 선택한 것도 나다. 그 누구도 나에게 강요하고 나를 끌고 가지 않았다. 피해자 행세를 하는 순간 나는 상황 속에서 주도권을 잃는다. 잘못된 자기연민에 진짜 나를 위한 선택이 아닌 당장 편한 선택을 이어가게 된다. 이제 자기변명을 멈추자. 어떤 해명도 궁색한 변명도 필요

없다. 내 인생 내가 원하는 것을 선택하고 그것을 해내겠다는 선택의 권한은 오직 나에게 있다.

세 번째는 내 인생은 100% 내 책임이라는 것을 인정하고 선언하는 것이다. 내 상황을 100% 내 책임 아래 두는 것, 이것이 내 인생을 주도적이고 원하는 대로 살게하는 비결이다.내 인생을 한번 원하는대로 바꿔보고 싶은가? 그렇다면 내가 선택한 것을 책임지고 주도적으로 해내는 것이 유일한 해결책이다. 좋은 결과가 있다면 행복한 일일 테고, 나쁜 결과가 있다면 교훈과 경험이 되어 내면에 자양분이 되어줄 것이다.

✖ 현재의 나는 과거 내 선택의 결과다

지금의 나의 처지와 형편은 이전의 내가 한 생각과 행동, 수많은 선택의 결과라는 것을 잊지 말자. 건강에 안좋은 음식을 먹기로 결정한 것도, 누구의 말을 믿고 투자한 것도, 나를 무시하는 동료를 곁에 두고 용인해준 것도, 이 회사를 다니고 있는 것도 내가 생각하고 행동하고 선택한 모든 것의 결과이다. 내 탓을 하고 자책하라는 게 아니다. 내 책임을 인정하고 이제 내 책임 하에 내가 선택하고 주도하고 통제하자는 것이다. 나를 괴롭히고 나에게 해로운 상황을 끊어낼 수 있는 것도 나다. 내 인생은 100% 나의 소관인 것이다.

100% 내 책임으로 인정한다는 것은 나를 알아가는 과정이기도

하다. 매 상황 속 나를 객관적으로 바라보고 배울 것은 배우고 개선할 것은 개선하면 된다. 또 버리고 끊어낼 것이 있다면 끊어내면 된다. 내 인생의 주도권을 내가 온전히 가지고 갈 때 비로소 자유롭다. 중요한 건 나 자신과의 끊임없는 소통이다. 누구에게 내 선택을 설득시킬 필요도 없다.

인생은 내가 다 통제할 수 없고 완벽하고 확실한 것이 존재하지도 않는다. 다만 그 상황을 내가 어떻게 받아들이고 대응할지를 선택하는 과정일 뿐이다. 각 상황의 탓이 아닌, 내가 생각하고 반응하고 통제해나갈 때 내 인생은 온전히 나의 것이 된다. 그동안 책임에서 자유로운 댓가로 불행을 자처했다면, 이제는 내가 책임지고 내가 행복한 선택을 해나가면 되는 것이다.

회사든 다른 사람이든 어떤 상황이든 나의 인생의 결정권을 내어주고 통제 당하는 삶, 내가 주도적으로 내 뜻대로 선택할 수 없는 인생은 불안 그 자체다. 가장 안정적이라 생각했던 철밥통 회사에서 내가 가장 불안정했던 이유이기도 하다. 지금의 나는 내가 책임지는 삶을 살고 있다. 단지 회사를 나와서가 아니다. 누구 탓을 하며 불평하기보다는 그 선택을 한 나 자신을 돌아본다. 그리고 그 실수를 다시 하지 않기로 결심하고 한번 더 개선해간다. 내 인생의 책임을 내가 지겠다고 결심하는 순간 자유로워졌다. 이제야 실패에서도 배울 수 있는 여유가 생겼다. 1인 1인생 책임제 도입이 시급하다. 스스로 자기 인생의 책임자가 되어보자. 각자의 삶에 날개를 달아주자.

미래의 '나'로
현재를 사는 법

5

　나는 멋진 정장을 입고 강의장 뒤편에서 대기 중이다.
오늘도 많은 사람들의 인생이 건강하고 행복하게 변화되
길 기도하며 강의장으로 들어선다. 그곳에는 1,000여 명
의 사람들이 앉아있다. 다들 각자의 인생의 전환점이 될
인생강의를 기대하는 눈빛으로 나를 기다린다. 나는 건
강한 하루의 루틴에 대한 강의를 10년째 진행해 오고 있
다. 드디어 각 분야 세계 최고 전문가들로 이루어진 건강
루틴연구소 크루들의 강의가 시작되었다. 단 하루, 집중
해서 강의를 듣고나면 건강지식뿐만 아니라 인생 전반이
정돈된다. 삶의 건강한 의욕이 마구 솟구친다. 건강하고
행복한 삶을 살기위해 꼭 들어야 할 전국민 필수 강의가

된 지 오래다. 이렇게 강의를 들은 후에는 지역별 소그룹으로 나뉘어 건강루틴을 실천하며 일상을 바꿔간다. 이 강의는 1분만에 매진되기로 유명하다. 곧 세계로도 진출할 예정이다.

나의 살아온 경험과 지식, 노하우는 사람을 살린다. 이보다 더 보람있는 일은 없다. 나의 50대는 나의 30대, 40대보다 더 건강하고 활력있다. 나는 내가 좋아하는 일을 하며 경제적, 시간적 자유 또한 얻었다. 너무 감사한 하루하루다.

어떤가? 내가 그리는 10년 후의 내 모습이다. 현재의 내가 그럴만해서 꿈꾸는 것이 아니라, 지금 나의 모습과 상관없이 내가 바라는 미래를 꿈꾼다. 내가 원하는 목표보다 10배는 더 큰 목표를 설정하고 그 목표로 오늘 하루를 살아가고 있다. 미래의 내가 되기 위해 필요한 한 걸음, 오늘 하루를 살아내는 것이다.

《10배의 법칙》의 저자 그랜트 카돈은 이렇게 말했다.

"원하는 목표보다 10배 더 큰 목표를 설정하라. 그런 다음 목표 달성에 필요하다고 생각하는 행동보다 10배 더 많은 행동을 하라. 엄청난 생각을 한 다음에는 엄청난 행동이 뒤따라야 한다."

목표를 낮게 세우면 성과 역시 적게 얻는다. 평범한 목표는 엄청난 행동이 뒤따르지도, 그럴만한 의지도 생기지 않는다는 것이다.

10배 더 큰 목표를 세우기 위해서는 내가 진짜 원하는 삶이 어떤 삶인지 알아야한다. 막연히 바라고 동경하는 것에 머물면 남는 것은 신세한탄과 후회, 죄책감뿐, 진짜 나를 움직이지 못한다. 내가 바라는 삶이 확실하지 않으면 지금 당장 더 나은 삶을 살기 위한 노력은 정말이지 웬만한 의지로는 되지 않는다. 난관과 저항에 부딪히는 순간 포기하고 말게 된다.

나 또한 좀 더 열심히 살아야할 것 같고 뭐라도 해야할 것 같은 막연한 생각으로 새벽기상을 여러 번 시도해보았지만 잘 지켜지지 않았다. 사실 눈은 떠졌지만 일어나 책상에 앉을 의욕까지는 생기지 않아 다시 잠들곤 했다. 그러고는 오늘도 실패라며 자책했다. 내가 원하는 삶의 부재, 내가 꿈꾸는 삶에 대한 확실한 목표가 없으니 지금 당장의 행동으로 이어지지 않았던 것이다.

✖ 눈치보지 말고 꿈꾸자

현재의 상황, 조건, 주변의 시선 같은 것은 일단 잠시 내려놓고 진짜 내가 바라는 모습을 상상해보자. 주제도 모르고 내가 이런 꿈을 꿔도 되는지, 내가 과연 이룰 수 있을지에 대한 걱정도 내려놓자. 그저 내가 원하는 삶, 내가 바라는 나의 모습을 그려보자. 부정적, 두려움, 단기적 시각에서 벗어나 적극적이고 장기적인 비전을 가지고 목표를 세워보자.

이룰 수 없는 원대한 목표로 세우고, 중요한 것은 노트에 직접 적어 보아야한다. 매일 아침, 저녁으로 적으면 가장 좋지만 힘들다면 하루에 한 번 적어보자. 지금 이미 목표를 달성한 것처럼 적는 것이 포인트이다. 그리고 그 이미지를 생생하게 상상하고 끌어당기자.

내가 만든 나의 한계는 지금 내가 가장 편안한 안전지대일 뿐이다. 그리고 그곳이 내가 성장할 수 있는 상한선이다. 안전지대를 넓히고 한계를 벗어버려야 한다. 나의 잠재력을 과소평가하지 말고 내가 진짜 원하는 것을 10배 더 크게 목표로 세우자.

✖ 꿈꾸는 미래가 이끌어주는 오늘

원대하고 명확한 목표가 세워지게 되면 내가 꿈꾸는 미래가 현재의 나를 이끌어준다. 명확하고 나를 설레게 하는 목표가 세워지고 나면 그 미래를 향해 투자하고 배우고 부딪히며 나아가기 시작한다. 그러면 된다. 실패해도 되고 조금 더디게 가도 된다. 지금 내가 미래의 나와 연결되어 목표를 향해 가고 있다는 것, 그거 하나면 된다.

미래의 내 모습이 가슴 떨리고 생생할수록 지금 당장 시급하고 눈에 보이는 일이 아닌 현재 상황을 넘어 미래의 나를 위한 우선순위 행동을 하게 된다. 미래의 내가 되기 위해 노력하는 모든 것은 나에 대한 행복한 투자가 되고 차곡차곡 쌓여 미래에 큰 보상이 되어 돌아온다. 단기적 보상이 아닌 장기적으로 성장하고 투자하게 되는 것이다.

지금 만약 무언가 열심히 하고는 싶지만 마음처럼 잘 되지 않는다면 그건 내가 진짜 원하는 것이 아닐 수 있다. 또 지금 내 상황이 그런대로 참을 만하다는 뜻일 수 있다. 내가 진짜 원하는 것이 명확해져야 내 삶을 바꿀 의지도 생긴다.

나 또한 달라지고 싶고 열심히 살고 싶었지만 번번히 실패로 돌아갔었다. 그때마다 죄책감과 원망, 후회로 하루하루를 보냈다. 돌아보니 그것은 나의 나약한 의지 문제만은 아니었다. 설레는 목표가 없었고 내가 진짜 원하는 것이 무엇인지 몰랐다. 그래서 그럭저럭 안주하는 삶, 그냥 이대로 사는 삶을 선택했던 것이다. 한마디로 변화할 의지가 없었던 것이다.

그런대로 견딜만한 삶이 아니라 가슴이 뛰고 원하는 것을 이루는 충만한 삶을 살고 싶지 않은가? 내가 정말로 원하는 것이 있다면 적극적으로 가서 얻어내자. 그런 삶은 내가 힘들까 봐 미리 걱정하고 몸을 사릴 필요가 없다. 내가 원해서 하는 노력은 행복하고 그 과정도 즐겁다. 오늘도 생각하면 미소부터 지어지는 멋진 미래의 내가 나를 부른다. 어서 오라고, 기다리고 있다고 말이다.

나는 오늘도 미래가 이끌어주는 그 힘으로 하루를 산다.

10년 전으로 타임슬립 한다면
글쓰기부터 하겠다!

6

　퇴사를 결심하고 얼마간은 몸과 마음이 엄청 분주했다. 여기
저기 쫓아다니며 배우고 시도하고 도전하느라 늘 바빴다. 행여
나 멈추면 흔들릴까, 그러다 넘어질까 더더욱 스스로를 몰아붙
였다.

　그렇게 몰아붙인 나의 첫 도전은 인터넷 쇼핑몰이었다. 몸을
갈아 넣는다는 표현이 맞을 듯하다. 나는 각종 인터넷 쇼핑몰을
빠르게 키워나갔다. 묻지도 따지지도 않고 일단은 쇼핑몰에만
몰입했다. 어떻게든 월 천만 원 수입을 만들리라 매일매일 다짐
하고 밤을 새가며 집중했다.

　그런데 시간이 흘러 어느 정도 목표를 달성해가던 어느날, 정
신이 번쩍 들었다.

'어? 이게 아닌데?'

그때 깨달았다. 지금 이 일은 내가 퇴사까지 하고 찾던 '진짜 원하던 삶'과는 거리가 멀다라는 것을 말이다. 결국 나는 모든 것을 멈춰 세웠다. 그동안 들여온 시간과 노력을 생각하면 너무 아깝지만, 그리고 당장 쇼핑몰 수입이 아쉬웠지만, 나는 일단 이것들을 다 내려놓기로 했다.

그렇게 멈추고 나니 비로소 진짜 나와 마주할 수 있었다. 그제서야 숨을 돌렸다.

'와…, 나 이제 진짜 뭐하지?'

이를 악물고 인터넷 쇼핑몰에 몰입하고 있을 때는 느낄 수 없었던, 어쩌면 회피하고 있었던 진짜 막막함이 몰려왔다.

'내 인생, 퇴사하고 이렇게 망하는 건가?'

그렇게 한번 시작된 걱정은 눈덩이처럼 불어나 잠을 설치기도 했다.

✕ 멈추고 돌아보고 정리하라

그때 멈춰선 나의 방향을 잡아준 것은 글쓰기였다. 쇼핑몰을 정리한 후로 나는 모든 것을 내려놓고 나를 발견하기 위한 글쓰기를 시작했다. 거창한 글은 아니었다. 블로그에, 다이어리에 그동안 엉키고 꼬여 풀어낼 엄두도 나지 않던 나의 생각들, 기억들을 풀어내기 시작했다. 나의 상처들, 후회들을 써보고 나를 찬찬히 들여다보았다. 또 내가 살고 싶은 삶을 차분히 써보았다. 오로지 인풋에만 집중해 집어넣기 바빴던 지난 삶을 잠깐 멈추고 비워내고 정리하는 시간이 필요했다. 나의 기억과 생각에도 청소가 필요했던 것이다.

글을 쓰면 자신을 대면하고 알아가며 삶을 정돈하는 데 큰 도움이 된다. 내면의 생각과 감정을 표현하고 정리하며 자신에 대해 깊이 이해하게 된다. 또 자신의 행동과 선택을 돌아보고 반성하며 더 나은 선택을 할 수 있도록 나를 다듬는 자기 반성의 시간이 되기도 한다. 글쓰기는 결국 사신과 만나는 시간인 것이다.

✖️ 나를 표현하고 성장시키는 글쓰기의 힘

글쓰기는 무의식적으로 떠오르는 생각과 감정을 글로 표현하면서 혼란스러운 감정을 정리할 수 있게 해준다. 내가 무엇을 느끼고 생각하는지 글로 써보면 스트레스 해소와 감정 관리에도 효과적이다. 부정적인 감정을 밖으로 표출하고 객관적으로 바라볼 수 있게 하여, 감정적인 짐을 덜어준다. 글로 쓰지 않았다면 이유 모를 불편함과 불쾌함에 사로잡혔을 테지만 글로 쓰고 나면 명쾌해진다. '아, 내가 그래서 이런 마음이 드는 거구나. 그래서 지금 찜찜하구나.'하고 말이다.

막연히 화가 나고 분하고 억울할 때 글로 써보자. 기쁜 순간도 글로 남겨보자. 바쁜 일정 속에 정신이 없고 혼란스럽다면 해야 할 일들을 쭉 나열해보자. 그러면 그 상황과 감정이 객관적으로 보이고 정리가 되기 시작한다. 내 상황과 감정에 휘둘리지 않고 한 발짝 벗어나게 된다. 그런 의미에서 글쓰기는 생각과 감정의 배출구이자 삶의 정리함이 되어준다.

결국 그렇게 쌓여진 나의 글들은 나라는 사람의 성장 기록으로 남는다. 글로 적어놓지 않았다면 희미하게 잊혀져 갔을 나의 경험과 지식들이 온전히 나의 자산으로 남게 된다. 그 기록들은 언젠가 세상에서 내가 브랜딩될 수 있는 토대가 되어줄 것이다. 내가 브랜딩되면 나의 능력과 경험을 수익으로 바꿀 수 있다. 내가 가진 것을 다른 사람들에게 적극적으로 나누고 나만의 영향력을 만들어 가고 그것으로 수익화까지 만들어내는 것, 퍼스널브랜딩이 가능한 것이다. 글쓰기는 퍼스널브랜딩의 첫걸음이다.

✕ 짧지만 강한 글쓰기 루틴

짧게 쓰더라도 날마다 루틴화 하자.

글쓰기라는 것을 해보고 싶어도 막상 글을 쓰려면 누구나 막막해진다. 어디서부터 시작해야 할지 모르겠고, 첫 문장을 쓰기도 전에 포기해 버리기도 한다. 글을 써보기로 마음먹었다면 처음에는 짧게 시작하는 것이 좋다. 하루 5분에서 10분 정도의 짧은 시간으로 시작해보자. 해볼 만해야 시도해볼 엄두도 난다. 매일 같은 시간에 글을 쓰는 습관을 들이자. 아침에 일어나서, 점심시간에, 혹은 잠들기 전에 일정한 시간을 정해놓고 글을 쓰면 루틴화하기 쉽다.

하루에 5줄이어도 좋고 다이어리 한 쪽도 좋다. 매일 부담없이 쓸 양을 정해두면 막연한 부담감으로부터 벗어날 수 있다. 목표달성 후 성취감 또한 느낄 수 있다. 글쓰기 주제는 어떤 것이어도 좋다. 일기, 하루의 계획, 감정, 특정 주제에 대한 생각 등 다양한 주제를 시도해보자.

예쁜 다이어리 수첩도 좋고 아니면 SNS를 활용해도 좋다. 누군가가 보는 것이 불편하다면 비공개로 써도 된다. 하나를 정해서 진득하게 써보자. 그 당시에는 당연한 기억들도 시간이 지나면 금세 희미해지고 잊혀져 버린다. 글로 남겨놓으면 글이 기억해준다. 글쓰기를 적극 활용해보자.

글을 쓰는 시간과 장소, 주제, 방법 들을 미리 계획해두면 글쓰기를 하루 루틴으로 만드는 것이 수월해진다.

글쓰기 실천을 가로막는 장애물을 미리 제거해 두는 과정인 것이다. 기본적인 세팅이 다 되었다면 이제는 글쓰기를 즐기면서 일상 속에 자연스럽게 녹여볼 차례다.

글을 쓰면서 쌓은 생각 정리 노하우와 글쓰기 실력, 그리고 꾸준함의 힘은 어디가지 않는다. 나라는 사람의 탄탄한 내공이 된다. 글을 통해 정돈되어 안정감이 생긴 삶은 그 자체로 매력적이다.

　나에게 누군가가 10년 전으로 돌아간다면 미래를 위해 무얼 하겠냐고 묻는다면, '글로 남겨라'라고 말하고 싶다. 글쓰는 시간이 나의 삶을 정돈시켜 줄 것이고, 그 글이 나를 필요한 존재로 성장시키고 나아가 나를 브랜딩시켜 줄 것이기 때문이다.

　좋은 글은 좋은 삶에서 나온다고 한다. 그런데 좋은 삶은 글을 쓸 때 살 수 있다. 글을 쓰면서 단단해진 나의 삶은 좋은 글이 되고, 그 좋은 글은 나의 삶을 더 풍요롭고 단단하게 만들어줄 것이다. 어쩌면 좋은 글과 좋은 삶은 같은 것일지도 모른다.

　좋은 삶을 살고 싶다면 오늘부터 5분 글쓰기를 시작해보자. 지금 당장 자신과 만날 약속 시간을 잡아보자.

지금 당장 내 길을 만드는
루틴 설정법

7

누군가 나에게 삶이 가장 괴로울 때가 언제냐고 묻는다면 나는 일상 루틴이 무너져 아무 의욕이 없고 semi-폐인 같이 지낼 때라고 답하고 싶다. 나조차 내가 사랑스럽지 않은 때 말이다. 사랑스럽기는커녕 한심하기 짝이 없고 인생에 답이 보이지 않는 그런 시간들 말이다. 아침에 어쩌다 눈이 일찍 떠진 날에도 아무것도 기대할 것 없는 하루에 눈 뜨기 싫어 억지로 잠을 더 자고, 겨우 일어나서는 꾸역꾸역 하루를 살아내는 그 느낌이 너무 힘들다. 달라지고 싶고, 잘 살고 싶고, 행복해지고 싶은데 좀처럼 끝이 보이지 않는 답답한 현실이 괴로울 뿐이다. 이 일만 해결되면, 이 상황만 종료되면 행복해지겠지 하며 버텨온 세월이 기억하는 시간만 해도 30년은 넘는다.

나의 20대가 그랬다. 솔직히 말하면 나의 30대까지도 그랬다. 누군가 나를 아는 사람이 듣는다면 "에이, 무슨 소리야. 정 차장처럼 평탄하게 모범생으로 살아온 사람이 인생의 어려움을 알기나 하겠어?"라고 할지도 모르겠다. 최대한 잘 사는 척, 행복한 척 지내온 덕이겠지만 나는 하나도 행복하지 않았다. 하루하루 채워지지 않은 공허함과 무기력으로 여기가 나의 한계인가 싶었을 때 감사하게 나는 책과 성장하는 사람들을 통해 나의 일상을 챙겨나가기 시작했다.

여느 유튜브 브이로그처럼 예쁜 일상은 아니지만, 정돈된 공간에서 차분히 책을 보고 다이어리를 쓰며 일상을 정리하는 시간이 조금씩 행복해지기 시작했다. 잘 해야한다는, 완벽해야한다는 부담 없이 일단 책상에 앉는 것부터가 시작이었고, 집 앞 공원을 산책하는 것부터가 새로운 도전이었다. 하루 종일, 아니 평생을 밖을 내다보느라 정작 돌보지 못했던 진짜 내면의 나를 돌아보며 그저 나 자신과의 시간을 보내는 것이 행복의 시작이었다.

✕ 여행의 설렘을 넘어선 일상의 행복

일상이 행복해지면서 달라진 점은 여행에 목매지 않게 되었다는 것이다. 공기업 입사 후 나의 최대 사치는 해외여행이었다. 내가 이만큼 잘 살고 있다고 스스로와 다른 사람에게 보여주기 좋은 것이 여행만한 게 없었다. 여행을 준비하는 시간부터는 일상에서 좀 벗어날 수 있으니 살겠다 싶었다. 하지만 여행이 끝나갈 즈음부터 몰려오는 일상의 압박은 여행의 또 다른 대가였다. 하지만 이제는 여행을 가도 행복하지만 여행을 가지 않아도 행복하다. 이제는 일상이 너무 소중하고 행복해서 여행 때문에 그 일상이 깨지는 것이 아쉽기까지 하다.

무엇이 나의 일상을 이렇게 풍성하고 행복하게 만들었을까? 지금부터 그 일상 루틴을 소개하겠다. 함께 하루의 루틴을 마음속으로 그려보길 바란다.

✖ 탄탄한 일상으로의 초대

새벽 6시, 알람 소리 대신 자연스럽게 눈을 뜬다. 침대에서 천천히 일어나 창문을 열고 상쾌한 아침 공기를 마신다. 가벼운 스트레칭으로 몸을 풀어주며 하루를 시작할 준비를 한다. 스트레칭을 마치고, 조용한 방에서 명상을 시작한다. 눈을 감고 호흡에 집중하며 마음을 차분하게 만든다. 명상 후, 따뜻한 차를 마시며 간단한 아침 저널을 작성한다. 오늘 하루를 계획해보며 하루 시작을 준비한다.

출근 준비를 마친 후, 여유롭게 집을 나선다. 일터에 도착하면 어제 정리해둔 오늘의 할 일들을 살펴보고 우선순위대로 업무를 시작한다. 오전 2시간 가장 중요한 업무를 집중해서 처리하고나면 점심시간이다. 건강관리를 위해 오전에는 공복을 유지한다. 처음엔 힘들었던 오전 공복시간도 익숙해지니 집중도 잘되고 몸도 가벼워서 계속 유지 중이다.

점심 시간이 되면 동료들과 함께 점심을 먹으며 친목의 시간을 가진다. 점심 후에는 가벼운 산책을 하며 소화를 돕고 휴식 시간을 갖는다. 오후 2시부터는 가장 중요한 업무를 처리하는 두 번째 집중 업무 시간이 시작된다. 방해받지 않는 환경을 세팅하고, 업무에 몰두한다. 오후 4시, 혈당을 자극하지 않는 건강한 간식을 챙겨 먹고 잠시 휴식을 취하며 에너지를 충전한다. 중요한 업무는 오전, 오후 집중 업무시간에 거의 다 처리를 했다. 이제는 남은 업무를 처리하며 하루 업무를 마무리한다.

퇴근 후, 저녁을 건강하고 맛있게 챙겨 먹는다. 하루를 주도적으로 알차게 보내고 퇴근하니 만족감과 성취감에 기분이 좋다. 자연스레 공허함과 스트레스 때문에 오는 불필요한 쓸쓸함이도 줄고 과식하거나 야식을 하는 일이 거의 없어졌다. 저녁 식사 후에는 가족과 시간을 보내거나 산책 등 가벼운 운동을 한다. 자기전까지 자기계발 시간을 가지며 독서나 온라인 강의를 수강한다. 일주일에 한두 번은 취미 활동을 통해 스트레스를 해소한다. 마지막으로 하루를 마무리하며 다이어리를 정리한다. 오늘의 하루를 돌아보고 피드백 해본다. 하루의 지출도 살펴보고 내일을 위한 계획도 짠다. 하루 단위로 인생을 점검하며 꽉 찬 일상을 살아낸다.

저녁 10시가 되면 가벼운 스트레칭과 명상으로 마음을 편안하게 만든다. 저녁 11시, 7시간 수면을 위해 침대에 눕는다. 하루 동안 느낀 만족과 충만함을 되새기며 깊은 잠에 든다.

어떤가? 일상이 이렇게 안정되고 평화롭다면, 그 안에서 업무와 재정 관리, 건강까지 챙겨 나간다면 앞으로의 내가 더 기대되지 않는가?

✖ 일상은 루틴의 총합

루틴은 일상 생활에서 자연스럽게, 그리고 반복적으로 수행하는 습관이나 행동을 의미한다. 우리의 일상은 좋든 싫든 내가 지속하고 있는 루틴들의 총합이다. 그 루틴이 어떠한가에 따라 우리의 삶은 만족과 풍요로 갈 수도 있고, 불만족과 괴로움으로 이어지기도 한다.

우리는 익숙한 대로 생각하고 몸이 편한 대로 움직인다. 만약 달라지고 싶고 더 나은 삶을 살고 싶다면 그 익숙한 길의 방향을 바꿔줄 새로운 루틴이 필요하다. 나를 성공으로 이끌어주는 건강한 루틴은 우리의 정신과 신체를 강화하고, 목표 달성을 향한 길을 닦아준다. 나는 이러한 루틴을 '+(플러스)루틴'이라 정의한다.

'+루틴'은 일상에서 나를 건강하게 하고, 성장시키며, 전반적인 삶의 질을 향상시키는 루틴을 의미한다. 아침에 명상과 스트레칭을 통해 하루를 정돈되게 시작하고, 균형 잡힌 식사를 통해 건강한 식습관을 유지하는 것, 일을 미루지 않고 집중해서 하는 것 등 이러한 '+루틴'들은 몸과 마음의 건강을 증진시키고, 자존감을 높이며,

목표를 달성하는 데 큰 도움을 준다.

파워루틴은 '+루틴' 중에서도 가장 큰 효과를 발휘하며, 일상에서 성공과 성장을 위해 반드시 실천해야 하는 핵심 습관과 행동들을 의미한다. 각 영역별로 추천하는 이러한 파워루틴들은 나의 삶을 극적으로 변화시키고, 지속 가능한 성과를 만들어낸다.

반면, '-(마이너스)루틴'은 일상에서 나의 건강을 해치고, 자존감을 떨어뜨리며, 결국 실패로 이끄는 루틴들이다. 나쁜 음식을 먹고, 일을 습관적으로 미루며, 스트레스를 불필요한 소비와 폭식으로 푸는 등의 이러한 '-루틴'은 스트레스를 증가시키고, 신체와 정신의 건강을 저해하며, 목표 달성을 방해한다.

'+루틴'은 우리를 성장시키고, '-루틴'은 우리를 후퇴시킨다. 삶이 변화되길 원한다면 작은 '+루틴'부터 실천하는 것이 답이다. 이러한 작은 '+루틴'이 쌓이다 보면 하루가 바뀌기 시작한다. 하루가 바뀌면 나의 삶의 결이 몰라보게 달라진다.

하루하루 미루는 것은 너무 쉽다. 오늘은 이래서, 내일은 저래서 미루다 보면 '-루틴'들은 더 깊이 박혀 빼내기가 어려워진다. 더 나은 내가 되고 싶다면, 오늘부터라도 '+루틴'으로 변화를 시작해보자. 루틴의 힘을 믿고, 일상의 작은 루틴들이 만들어낼 긍정적인 변화를 함께 만들어가자.

루틴이 되면 쉽다. 그 루틴이 미래의 나를 만든다. 자, 이제 강력한 파워루틴으로 내가 꿈꾸는 미래의 나로 한 걸음씩 나아가 보자.

Chapter.3

파워 루틴핏! (1)

커리어 확장~자아실현까지
업무 루틴핏

가짜 노동에서 해방되는 법

1

하루 종일 일하는 척하느라 힘든 날이 있다. 빈둥거리며 아무것도 하지 않는 날 말이다. 업무수첩에는 아직 해야 할 업무들이 여러 개 적혀있지만, 지금 당장은 급하지 않은, 좀 더 미뤄둘 수 있는 일들이다. 이것저것 분주해 보이는 다른 사람들 눈에 나도 뭔가에 집중하고 있는 것처럼 보이도록 한 쪽 모니터에는 문서를 띄워놓고, 또 다른 한 쪽 모니터로는 인터넷을 뒤적거리며 동기들과 메신저를 한다.

그러면서도 머릿속은 복잡하고 마음이 편치만은 않다. 다른 사람들 눈치를 보며 한 번씩 업무도 슬쩍 건드려보긴 하지만, 사실 아무것도 하지 않았다. 그렇게 하루를 빈둥거리며 일하는 척하느라 애쓴 하루, 퇴근하는 길에 왠지 모를 공허함이 몰려온다.

✕ 척하느라 바쁜 하루

'난 하루 종일 도대체 뭘 한거지?'

어떤가? 바쁘다고 소리치며 살아가는 중에도 실상을 들여다 보면 이런 날이 생각보다 많지 않은가? 만약 '나는 매일 바쁜데?' 라고 생각한다면, 나조차도 내가 엄청 많은 일을 하고 있다고 착 각하는 것일 수 있다. 우리는 우리가 하는 일의 양을 과대평가하 는 경향이 있기 때문이다.

우리는 타인과 자신으로부터의 인정을 위해 일하는 척, 바쁜 척, 스트레스 받는 척하는 데 익숙해져 있다. 일을 하고 있다는 느낌과 자존감을 유지하고 회사에서 원하는 이미지를 확보하는 데 집중하는 것이다. 나의 진짜 업무능력('진짜 노동')을 향상시키 는데 집중하기보다는 보여주기식의 '가짜 노동'에 시간과 정신을 쏟다보면 앞에서 그려본 상황처럼 시간 때우기에 급급한 하루 하루를 보내게 된다. 결국 가짜 노동에 매여있는 동안 나의 하루 는 그렇게 사라져 버리고 자존감은 바닥을 치고 수치심까지 들 기도 한다.

✕ 할 거면 하고 말 거면 말아라

지금 이 순간 필요한 것은 남들의 시선에 대한 의식이 아니라 내가 단단해지기 위한 시간을 보내는 것이다.

내가 지금 바쁘다면 멈추고 생각해 봐야 한다. 진짜 바쁜 상황이 맞다면 한 번 멈춰 서서 보다 넓은 시야로 자기 일을 바라볼 수 있도록 재점검해야 하고, 만약 바쁜 척하는 것이라면 거기서 멈추고 벗어나야 한다.

가짜 노동에서 벗어나는 **첫 번째 단계는 바쁘지 않음을 스스로 인정하는 것이다.** 지금 당장 처리할 업무가 없다면, 혹은 처리할 에너지가 남아있지 않다면 일단 내려놓아야 한다. 더 이상 애매하게 붙들고 있으면서 일 하는 척하느라 나의 시간과 자존감을 갉아먹지 않아도 된다.

그때에는 이것도 저것도 아닌 시간으로 허비하기보다는 확실하게 나를 발전시킬 시간으로 가져가는 것이 좋다. 잠시 책을 읽을 수 있다면 책을 보는 것을 추천한다. 하지만 만약 독서할 상황이 아니라면 인터넷으로 평소 관심있는 분야의 자료를 찾아보거나 다이어리를 정리하면서 계획을 짜보는 등 좀 더 생산적인 일을 해야 한다. 바쁘지 않음을 인정하면 남들 눈치로부터 조금 더 자유로워질 수 있다. 내가 바쁠 때는 바쁘지만 지금은 잠깐 여유가 생긴 것뿐이니까 나 스스로도 당당하게 그 시간을 잘 활용하면 되는 것이다. 죄책감과 눈치가 그 시간을 죽인다는 것을 꼭 기억해야 한다.

사실 가짜 노동에서 벗어나는 가장 좋은 방법은 몇 시간이라도 휴가를 내고 나오는 것이다. 아무 일정이 없어도 좋다. 회사를 나와서 서점이건 커피숍이건 백화점이건 나만의 평일 시간을 가져보는 것이다. 눈치 보지말고 상황을 파악해라. 지금 휴가를 내도 되는 상황이라고 판단이 된다면 예의를 갖춰서 당당하게 보고하면 된다. 요새는 휴가에 대한 눈치가 많이 없어졌다. 개인생활을 존중해 주는 분위기이니 너무 염려하지 않아도 된다. 너무 심각할 필요도, 너무 걱정할 필요도 없다. 이렇게 갑작스런 자유시간이 직장인들에게는 꿀보다 달콤한 보상이 될 것이다.

휴가를 내기 어려운 상황이라면 눈치보지 말고 일찍 퇴근이라도 해야한다. 다들 야근하는 분위기어도 내가 지금 너 있는다고 업무효율이 올라가지 않을 것이라면 퇴근하는 것이 백배 낫다. 일찍 퇴근하고 다른 뭔가를 배워도 좋고, 집에 일찍 가서 삶을 정돈하는 시간을 가져도 좋다. 운동도 너무 좋은 대안이다. 스스로 바쁘지 않다고 인정하고 퇴근하면 오히려 마음도 편하다. 바쁜 척 가짜 노동에 휩싸여 눈치보며 퇴근하면 집에 가서도 마음의 짐이 따라오기 마련이다.

이때 주의할 점은 본인이 하고 있는 업무에 대한 진행상황은 상사가 불안해하지 않도록 중간보고를 잘 해야 한다는 것이다. 자율을 원한다면 신뢰를 확보하는 것이 우선이다. 맡은 일에 대해 내가 잘 컨트롤하고 진행하고 있음을 제때 보고한다면 상사도 나를 신뢰하고 존중해줄 것이다.

마지막으로 휴가도, 퇴근도, 나를 위한 시간도 보낼 수 없다면, 딱 25분만 업무에 집중해 보는 것도 방법이다. 큰 덩어리의 업무를 25분어치만 한다 생각하고 발만 담가보는 것이다. 대신 25분 동안은 다른 것에 한눈팔지 않고 온전히 집중해야 한다. 막연하고 막막했던 업무가 의외로 쉽게 풀릴 수 있고 마음의 부담도 훨씬 덜어낼 수 있다. 공부하는 학생은 공부가 잘 될 때 자존감이 올라가는 것처럼 직장인도 해야 할 업무를 집중해서 해낼 때가 가장 성취감 있고 기쁜 것이다.

✕ 직장에서의 하루도 내 인생

남과 나를 속이는 가짜 노동에서 해방되면 어떤 점이 좋을까?

우선은 가짜 업무에서 오는 압박감과 스트레스에서 해방될 수 있다. 나 스스로 만들어놓은 바쁨과 스트레스 환경에서 벗어나, 진짜 노동과 가짜 노동을 구분해서 업무도 더 심플하고 가볍게 진행할 힘이 생긴다. 나의 시간과 에너지가 나도 모르는 사이 새나가지 않게 되는 것이다.

오늘도 내 인생이다. 직장에 다니다보면 직장에 있는 시간이 꼭 내 인생이 아닌 것처럼 버려지는 시간으로 생각될 때가 있다. 가짜 노동에서 해방되면 가짜 바쁨에서도 자유로워지고 직장에 있는 시간도 허비하지 않고 온전히 내 인생으로 살아 낼 수 있게 된다. 일을 하기에 앞서, 혹은 일을 하는 중간중간에도 내가 지금 가짜 노동을 하고 있는 것은 아닌지 수시로 점검해 보도록 하자.

하루 4시간
몰입의 힘

2

직장에 다니다 보면 '해야되는데' 병에 걸린다. 보고자료 초안을 이번주까지는 완성해야 하는데, 회의자료를 5시까지 작성해야하는데, 새로운 계약건 방침 준비해야하는데 등등. 해야되는데 당장 집중이 되지 않는, 진척이 안 되는 일들이 쌓여있다. 귀찮고 하기 싫어서 반, 어디서부터 어떻게 손을 대야할지 모르겠는 것 반이다. 그렇다고 놀고만 있는 것은 아니다. 여기저기서 걸려오는 전화에 각종 요청자료에 동료들과의 티타임에, 또 계속되는 회의로 늘 무언가를 하고 있다. 늘 바쁘다. '그래, 바빠서 못 했어'라며 스스로를 위로한다.

'해야되는데'를 되뇌다 보면 어느덧 점심시간이다. 일단 점심먹고 오후에는 꼭 진행해야지 마음 먹지만 오후도 이런저런 핑계 속에 끌려다니다 보니 퇴근시간이다. 오늘은 저녁 약속까지 있어서 야근도 못하는데 내일은 야근을 해서라도 꼭 끝내야지 마음 먹으며 찜찜하고 무거운 마음을 가지고 퇴근한다.

이 '해야되는데' 병에 걸린 후배들이 가끔 나를 찾아와 하소연을 해댄다. 나는 그럴 때 이렇게 위로 아닌 위로를 해준다. "괜찮아. 지금 발등에 불이 안 떨어져서 그래. 진짜 닥쳐서 해야할 땐 어떻게든 해낼거야."라고 말이다. 정답은 아니지만 '해야되는데' 병으로 끙끙 앓고 있는 후배에게 효과 빠른 진통제 한 알을 주는 셈이다. 잠시나마 마음의 짐을 내려놓을 수 있으니 말이다.

✕ 병의 근본 원인 : 수동적 몰입

이 병 만큼 힘든 게 없다. 학생 때도 그랬다. 차라리 공부가 잘되고 밤 늦게까지 공부할 때가 가장 속편하다. 공부를 하는 것도 아니고 안 하는 것도 아니고 애매하게 마음에 큰 짐을 지고 자책하며 사는 것, 이것만큼 괴로운 것도 없다. 회사도 마찬가지다. 일할 때 확실히 일하고 적극적으로 주도적으로 진행할 때 재밌다. 업무에 속도도 붙는다. 일에 끌려다니지 않는다.

어차피 해야할 일이라면 어떻게 해야 즐기면서 할 수 있을까? 어떻게 하면 능동적으로 내가 주도하는 일처리를 할 수 있을까?

몰입에는 두가지 유형이 있다. **수동적인 몰입**과 **능동적인 몰입**이다. 우리가 보통 해야 하니 마지못해 어쩔 수 없이 급하게 하는 것이 수동적 몰입이다. 이제는 진짜 안 하면 큰일나는 상황 속 비상사태에서 업무에 몰입하는 것이다. 사실 이때는 안 하면 죽는다는 압박으로 하니 집중과 속도면에서 효율적이기도 하다. 하지만 이렇게 처리하는 일은 스트레스와 압박이 되고 긍정적인 인상을 주지 못한다. 이런 일처리 방식이 지속되면 일은 곧 스트레스, 압박, 피곤으로 인식되고 피하고 싶은 마음으로 이어질 수밖에 없다. 반대로 급하지 않으면 스스로의 힘으로는 몰입에 이르기 어려워지는 악순환이 된다. 외부의 압박 속에서만 어쩔 수 없이 몰입하게 되는, 그야말로 끌려가는 업무처리 방식, 이중고가 아닐 수 없다. '해야 되는데 병'의 원인은 대부분 이 수동적 몰입에 있다.

반면, 능동적인 몰입은 다르다. 능동적인 몰입은 재미있고 신이 난다. 이리저리 시야를 바꿔가며 더 잘하기 위한 방법을 찾는다. 에너지가 넘치고 진취적으로 자발적으로 일을 주도하니 힘들지만 보람도 느낀다. 미리미리 먼저 대응하니 더 이상 시간에 쫓겨 똥줄이 탈 일도 없다. 상사나 동료의 의견을 물어볼 마음의 여유도 생기고 피드백을 받아 더 업그레이드시킬 시간적 여유도 생긴다. 일처리를 능동적으로 잘 해낼수록 조직에서 나에게 자율성도 부여한다. 믿고 맡기는 것이다. 그렇게 한번 처리한 일은 온전히 나의 경험이 되고 실력으로 쌓여간다.

✖ 병의 치료 : 능동적 몰입

그렇다면 능동적으로 몰입하려면 어떻게 해야할까?

우선 하나의 일에만 집중해야 한다. 의지력을 얇고 넓게 퍼뜨리는 대신 지금 해야할 단 하나의 일에 우선순위를 두고 집중하는 것이다. 몰입한다는 것은 무언가를 더하고 채우는 것이 아니라 덜어내는 것이다. 내가 집중할 단 하나를 선택하고, 나머지는 비우는 것부터가 시작이다. 지금 처리할 한 가지 일에 집중하자. 진득하게 몰입해보자.

다음으로는 완벽주의에서 벗어나야 한다. 처음부터 완벽하게 결과물을 내려하면 시작조차 어렵다. 78점만 맞자. 100점을 목표로 할 때보다 훨씬 가볍지 않은가? 22% 개선의 여지를 항상 남겨둔다 생각하고, 78% 수준으로 처리해보자. 78%를 달성한 다음 다시 한번 개선하면 된다. 완벽하게 잘 해내고 싶은 욕심에 심리적 부담만 잔뜩 안고서 정작 아무것도 안 하는 최악의 상황이 되지 않도록 가볍게 시작하고 보완하고 또 보완하자. 어차피 완벽이란 없다. 아무리 100%로 한다 해도 수정하고 수정하는 것이 일이다. 78% 수준으로 반복하다 보면 점점 더 완벽에 가까워진다. 작은 시작을 반복해보자.

그래도 몰입이 어렵다면 왜 내가 몰입해야하는지 몰입의 동기를 만들어 보자. 나의 의지와 상관없이 진행해야 하는 일, 하고 싶지 않은 일, 꼬이고 꼬여서 도저히 해결책이 없어 보이는 일들

앞에서는 그 누구도 즐겁지 못하다. 그저 해야하니 하는 것이라면, 좀 더 나를 위한 몰입의 동기를 만들어보면 어떨까? 셀프 기한을 두고 최후의 몰입을 해보아도 좋다. 다 처리한 후 나를 위한 셀프 포상을 주어도 좋다. 내가 살기 위해 한다고 생각하고 마지막 깔딱고개를 넘어보자. 내 의지로 하면 운동이지만 남이 시키면 노동이 된다. 노동이 아닌 업무근력을 기르는 몰입의 훈련이라 여겨보자.

마지막으로 하루 4시간 몰입을 도전해보자. 업무 '시간'을 늘리지 말고 '깊이'를 깊게, 오전 2시간, 오후 2시간 그렇게 하루 4시간만 집중해보는 것이다. 사실 오전, 오후 각 2시간이 짧은 것 같지만 그만큼 몰입해서 일하는 것이 쉽지만은 않다. 오늘 해야 할 가장 중요하고 급한 일을 꾸준히 4시간씩 집중한다면 결과적으로 성과도 따라오기 마련이다.

4시간 몰입의 중요성에 대한 다양한 연구 결과를 통해서도 그 집중효과를 확인할 수 있는데, 미국의 주간 뉴스 매체《The Week》에 발표된 연구에 따르면, 19세기 수학자 앙리 푸앵카레는 하루에 두 번, 각각 2시간씩 집중 작업을 하였고, 영국의 수학자 G.H. 하디도 하루 4시간의 집중 작업이 가장 효과적이라고 주장했다고 말한다. 이는 하루 4시간의 몰입 시간이 창의성과 문제 해결 능력을 극대화하는 데 매우 중요하다는 것을 시사하는 것으로, 이외에도 하루 4시간의 집중 작업이 최적의 생산성을 유지하는 데 매우 효과적이라는 다양한 연구결과를 찾아볼 수 있다.

하루 4시간 가장 중요한 일에 집중해서 열정을 다하면 다른 자잘한 일들은 그 속도와 힘으로 탄력을 받아 저절로 따라오게 되어 있다. 모래주머니를 차고 달리기를 하다가 모래주머니를 풀면 다리가 그렇게 가벼울 수 없는 것처럼 말이다.

사실 직장에서의 몰입의 중요성을 이야기했지만, 책을 쓰고 있는 지금 나에게도 가장 필요한 것이 몰입이다. 가정주부에게도 학생에게도 누가 어떤 일을 하더라도 몰입이 가장 중요하다. 하루 4시간이면 된다. 하루 4시간 가장 중요한 단 하나에 몰입한다면 다른 부수적인 일과 일상들은 활력이라는 원동력으로 저절로 굴러가게 되어있다.

커다란 바퀴는 한번 굴리기가 어렵다. 하지만 한번 구르기 시작한 바퀴는 점점 가속도가 붙으며 빨리 잘 굴러간다. 몰입의 힘으로 살아보자. 그래야 일하는 것도 사는 것도 재밌다.

"Our life is the sum total of all the decisions we make every day, and those decisions are determined by our priorities."

- William James

우리의 삶은 우리가 매일 우선순위를 두고 집중하는 것들의 총합이다. 하루 4시간 몰입의 힘으로 우리의 내일을 바꿔가보자.

도미노
행동 전략

나는 완벽주의 성향에 가깝다. 어떤 일이든 적어도 기본 이상은 해내고 싶고 기대 수준 또한 높은 편이다. 스스로에 대한 기대치가 높다 보니 한번 시작한 일은 책임감 있게 잘 해내고 결과또한 좋은 편이다. 그 과정이 때로는 힘들기도 하지만 성취감도있고 재밌기도 하다.

하지만 정작 힘든 것은 일의 시작단계이다. 어떤 일이든 좀처럼 첫발을 들이기가 쉽지 않다. 너무 큰 목표 앞에 갈 길을 잃기도 하고 잘 해내야 한다는 부담감에 선불리 시작이 되지 않는다. 어디서부터 어떻게 시작해야할지 엄두가 안 난다. 마음의 준비는 또 왜 그리 오래 걸리는지 늘 늦은 시작으로 마감에 쫓긴다. 마감이 눈앞에 닥쳐 발등에 불이 떨어져야 겨우 마지 못해 스타트를 한다. 그래서 극한의 압박속에 또 한 번을 살아낸다.

'휴, 살았다.'

❌ 실행을 가로막는 완벽주의

완벽주의인 사람들은 계획을 세우다 끝이 난다. 운동을 한 번 하려해도 이것저것 준비하고 계획하는 동안에 지쳐버린다. 운동할 장소를 물색하고 완벽한 장비에 복장까지 세팅하고 나서 운동 후 샤워하고 돌아오는 길까지 계획한다. 실패하지 않도록 확실하게 계획을 세운 후에야 행동을 하려 하니 그 사이 늘어나는 변수와 약해지는 의지로 좀처럼 행동으로 이어지기 어렵다.

잘 해내고 싶다는 부담감, 해야한다는 압박감은 우리를 아무것도 시작하지 못하게 만든다. 시간이 갈수록 나의 몸과 마음은 새로운 시도를 거부하며 방어모드에 들어가 행동이 더 어려워진다. 행동이 따라주지 않으니 마음 속 압박감은 점점 더 심해진다.

이렇게 생각과 계획에 너무 많은 시간과 에너지를 쏟아부으면 정작 행동으로 옮겨지지 않는다. 일단은 완벽하지 않아도 바로 행동으로 옮겨보는 것이 중요하다. 행동의 '질'을 높이기보다 우선 행동의 '양'을 늘려 시도하고 개선해 나가는 것이다. 그러면 행동에도 탄력이 붙어 더 빨라지고 잘해내게 된다.

✕ 임시행동이 답이다

완벽한 방법이 아니라 일단 지금 이 상태에서 할 수 있는 것을 해보자. 최종 상태가 아닌 현 시점 임시행동을 해나가는 것이다. 운동복이 없다면 지금 입고 있는 옷으로 지금 당장 1분 플랭크라도 도전해 보는 것이 아무것도 안 하고 계획만 세우는 것보다 낫다. 그것이 우리가 원하는 목표로 한 걸음 더 다가가는 방법이다. 그리고 필요한 것을 보완하고 개선해나가면 된다.

컴퓨터 폴더 정리가 필요하면 지금 작업 중인 폴더 하나만 정리해보자. 그러면 폴더 정리에 탄력을 받게 될 것이다. 언제 한 번 날 잡고 정리해야지 하는 마음에 시작하지 않는다면 결국 몇 년 동안 정리하지 못 할 수도 있다. 지금 부족하지만 임시로 조금이라도 한 것이 전부가 될 때도 많다. 그냥 지금 그만큼이라도 하는 것이 답이다.

쉬운 것부터, 지금 할 수 있는 것부터 미루지 않고 시작하는 것이다. 방대한 양의 보고서라면 비슷한 결의 샘플 보고서를 구해보는 일부터 해도 좋고, 표지부터 만들고 목차만 짜보아도 좋다. 일단 검토 배경부터 살펴보며 시작해보아도 좋다. 발표자료를 만들어야 한다면 필요한 템플릿을 검색해보고 첫 페이지만 만든다 생각하고 시작해보자. 다른 부서의 자료협조가 필요하다면 먼저 요청을 해두어 시간을 확보하는 것도 좋다.

무조건 내일로 미루고 다음 주로 미루면 더 하기가 싫어진다.

미룬 업무 때문에 쉬어도 쉰 것 같지도 않고 머릿속 그 일은 점점 부피가 늘어나 결국 머리를 가득 채우고 만다. 미루기 전에 지금 해놓을 수 있는 일은 조금 해놓는 것이 내일의 업무 허들을 낮추는 데 도움이 된다. 아주 쉬운 것부터 조금만 준비해 놓으면 그 다음 행동으로 이어지기가 쉽다.

10년 전쯤 뉴스에서 어느 기자가 월요병을 이겨내기 위한 해결방법 중 하나로 일요일에 출근해 잠깐 일하는 것이 도움이 된다는 보도를 한 적이 있다. 그 뉴스는 직장인들 사이에서 한창 인터넷 밈으로 유행을 했었다. 그때는 나도 함께 웃고 비난했지만, 지금 나 또한 비슷한 제안을 하는 것 같아 웃음이 난다. 어쨌거나 요점은 꼭 해야하는 일로 부담이 된다면 전날에 미리 조금만 준비해 놓으면 도움이 된다는 뜻이니 월요병은 금요일 퇴근 전에 미리 예방해 놓는 것으로 수정해보겠다.

일을 시작하기까지가 어려운 사람, 다른 사람이 시킨 일은 어떻게든 하지만 자발적인 행동이 잘 안 되는 사람은 작은 행동으로 일의 진입 허들을 낮춰주는 것이 최선이다. 큰 행동을 쪼개 작은 행동으로 일단 시작하면 자연스레 의욕이 뒤따라오고 일의 탄력도 쉽게 받는다. 그리고 다음 행동으로 연결되기도 쉽다. 아주 쉬운 것부터 그냥 한 번 툭 건드려 보자.

✖ 아무것도 하지 않는 괴로움, 조금씩 해내는 성취감

아무 행동도 하지 않으면 그만큼 편하고 즐거워야 하는데, 사실은 그렇지 않다. 아무것도 하지 않으면 자책감에 괴롭다. 그렇다고 내가 해야할 일들이 사라지는 것도 아니기에 압박감과 부담감은 커져만 간다. 작은 행동으로 일단 시작하면 무언가 조금이라도 해냈다는 만족감, 성취감, 자신감이 또 다른 작은 성공으로 이어져 선순환을 만들어낸다.

꾸준함이 힘들게 느껴지 이유는 이 힘든 것을 얼마나 지속해야 하는지에 대한 막막함, 두려움 때문이다. 하지만 꾸준함은 그리 어렵지 않다. 그저 지금 해야할 것, 할 수 있는 것을 조금씩 시작하고 해나가는 것이 꾸준함이다. 지금 내가 하는 작은 행동은 목표를 향해 나아가는 과정이다.

무거운 짐을 한 번에 옮길 수는 없지만, 작은 짐은 여러 번에 걸쳐 나눠 옮기면 옮길 수 있다. 큰 목표, 원대한 꿈을 이루기 위해 행동을 쪼개어 작은 행동부터 시작하자. 작은 행동 하나가 도미노의 시작점이 되어 언젠가 나의 큰 목표 도미노를 넘어뜨릴 것이다.

여태껏 살아온 날들도 결국엔 작은 행동을 쌓여진 결과다. 막막했던 시험도, 끝날 것 같지 않았던 졸업논문도, 취업준비도, 큰 프로젝트도 어떻게든 잘 해냈으니 말이다. 시작만 하면 어떻게든 된다. 지금 있는 모습 그대로 당장 시작하자. 그냥 하자.

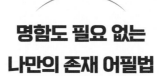

명함도 필요 없는
나만의 존재 어필법

4

"저는 회사 일에 목숨 걸고 싶지 않아요. 제 삶이 훨씬 더 중요하거든요."

나도 한때 회사일은 최소한으로 하는 것이 이득이라 생각했던 적이 있다. 그래서 일을 최대한 피하기 위해 이리저리 머리를 굴리며 핑계를 대보기도 했고, 내가 얼마나 바쁜지 어필을 해보기도 했다. 그것이 실력인 줄로 착각하기도 했다. 하지만 결국 대부분은 어김없이 나에게 일이 떨어졌고(나는 입사 후 10년간 부서의 막내였다.) 그러면 나는 마지못해 그 일을 '최대한 빨리 해치우는 데' 집중했다.

그런데 그렇게 시간이 흘러 3년 차, 5년 차가 되었을 때 깨닫게 된 것이 있다. 그때만해도 나는 회사에서 연차가 쌓이면 자연스럽게 업무에 대한 자신감도 생기고 전문가가 될 것이라 생각했다. 하지만 예상과는 다르게 5년 차가 되어도 심지어 10년 차가 되어도 여전히 업무가 어렵고 자신이 없었던 것이다. 스스로 핑계를 대며 자기합리화를 해보기도 했다. 하지만 사실은 내가 연차만 쌓였지 제대로 된 실력을 쌓는 시간을 갖지 못했다는 것을 나는 알고 있었다. 그때그때 닥친 일들을 빨리 해치우는 데 급급해서 벼락치기식으로 처리한 일들은, 시험 보면 다 까먹어 버리는 암기과목처럼 내 실력으로 쌓이지 않고 날아가버렸던 것이다.

그렇다. 진짜 실력은 연차가 말해주지 않는다. 신입사원 때에는 각자에 대한 실력 차이가 크지 않다. 어느 정도 회사 시스템에 적응만 하면 사실 다들 비슷하다. 그런데 시간이 흐르면 실력의 차이가 점점 드러나기 시작한다. 왜 똑같은 5년 차여도 누구는 업무를 자신감 있게 주도적으로 해나가고, 또 누구는 업무에 여전히 자신감이 없고 소극적으로 겉도는 느낌인 걸까?

✖ 시간의 밀도를 높여라

그 차이는 개인별로 그동안 쌓아온 업무의 '밀도'에서 나온다. 단순히 시간만 쌓아가는 연차와 달리, 그 시간에 얼마나 집중해서 밀도 있게 성장해왔느냐의 차이인 것이다. 아무리 회사 일에 목숨 걸지 않는다고, 관심 없다고 해도 그 속에서 자기 역할을 잘 해내고, 성취감도 느끼며 주변 사람들에게 인정도 받아야 일할 맛, 아니 살 맛이 난다. 그래야 일도 재미있고 회사 갈 맛도 난다. 그 누구도 무시당하며 소위 말해 찌그러져 있다가 퇴근만 빨리하면 된다는 식의 삶을 원하지는 않는다.

워라밸을 외치며 업무에 한 발 걸쳐놓고 최대한 몸을 사리는 업무태도는 나를 갉아먹는다. 그런다고 내가 소모되지 않는 것도 아니다. 더 힘들고 더 피폐해지고 자존감은 바닥을 치게 된다. 그렇게 회사에서 보낸 시간이 행복할 리 없다. 일을 하면서도 괴롭고 불평만 쏟아내게 된다. 일을 수동적으로 하게 되니 재미도 없다. 재미가 없으니 더 일하기 싫어지는 악순환이 반복된다. 생각만 해도 힘든 삶이다. 보통 회사원들의 삶이 괴로운 이유가 여기서 시작된다.

이것이 내가 배우고 성장해야 하는 이유이다. 회사를 위해서, 다른 사람을 위해서가 아니다. '나'를 위해서다. 나의 자존감을 채우고 나의 진짜 역량을 키우기 위해 일해야 하는 것이다. 그래야 회사가 그저 버티는 곳이 아니라, 내가 살아있고 성장하는 곳이 되고, 회사에 있는 그 시간도 온전히 내 인생으로 살 수 있게 된다.

✖ 밀도 있게 일하기 위한 해법

어차피 해야 할 일, 주도적으로 자신감 있게 해라. 업무시간

외에 야근하고 주말에도 일하라는 것이 아니다. 일하는 시간의 '밀도'를 높여보라는 것이다. 배움과 성장에 집중해 보라는 것이다. 그렇게 진짜 내 실력을 키워놓고 나면, 업무는 더 재밌어지고 내 목소리에 힘이 실린다. 누구도 나를 무시하거나 홀대할 수 없다. 내가 나를 높이려 애쓰지 않아도 점점 나의 자리가 생기고 다른 사람들이 나를 찾게 된다.

이왕 하는 일, 이렇게 해보고 싶지 않은가? 어렵지 않다. 밀도 있게 일하는 것은 생각보다 쉽다. 왜냐하면 어차피 해왔던 일이고 어차피 할 일이기 때문이다. 한 끗 차이다.

먼저 중요한 것은 태도다. 어차피 나에게 떨어질 업무는 내가 아무리 이리저리 피해보고 막아봐도 나에게 온다. 그럴 거면 일단 주어진 업무에 "네"라고 심플하게 대답하는 것이 현명하다. 급하게 둘러대며 핑계대는 것이 윗사람들 눈에는 다 보이기 때문이다. 그렇다고 나의 상황에 도저히 감당 안 되는 업무를 짊어지라는 것은 아니다. 이것이 팁이다. 일단은 "네"라고 대답하고 일을 받아와서는 분석해보는 것이다. 나의 업무상황, 제약사항, 소요시간 등을 빠르게 파악해보고, 그때 다시 상사와 상의하는 것이다. 그러면 내가 준비된 상태에서 나의 의견을 어필해 볼 수 있다. 그저 불평하고 일을 피하려는 것이 아닌, 나의 상황을 조리있게 설명할 수 있는 것이다. 그러면 상사도 객관적으로 상황을 바라보게 되고 업무를 조정해 줄 수도 있다. 아니면 기한을 변경해 줄 수도 있다. 만약 그런 이야기가 전혀 통하지 않는 상사라면, 내가 "네"라고 하든 "못한다"라고 하든 어떻게든 나에게 넘겼을 사람이니 안타깝지만 일단은 해내는 수밖에. 적어도 내가 적절히 대응했다는 것에 의미를 두자.

그 다음 중요한 것은 명확한 '기준 설정'이다. 연차가 낮을수록 잡다하고 품이 많이 드는 보고자료나 요청자료를 작성할 때가 많다. 그럴 때 나만의 작성기준을 먼저 명확히 세우고 시작하는 것이 좋다. 어떤 일을 하든 실수를 할 수도 있고 몰라서 놓치는 부분이 있을 수도 있다. 중요한 것은 기준이다. 기준이 명확하면 상대방과 의사소통이 확실해지고 수정, 보완이 훨씬 수월해진다. 자료에는 항상 내가 어떤 기준으로 작성했는지 메모해두는 습관을 가져야 한다. 그러면 수정요청이 올 때 자료를 처음부터 다시 복기하는 시간이 줄어들고 바로 처리가 가능하다. 마음 속 기준으로 대충, 급히 처리한 일은 당장은 끝난 것 같아 보여도, 보완요청이 있을 때마다 나조차도 매번 새로워 보이는 자료를 다시 파악하느라 몇 배의 시간이 걸린다는 것을 명심해야 한다.

또 한 가지 업무의 밀도를 높여주는 방법은 반복되고 기초적인 현황자료를 잘 정리해두는 것이다. 나는 매년 업무수첩을 새로 받게 되면 노트 앞 쪽에 자주 찾아보는 법 조항이나 기준들을 정리해 놓는다. 그리고 주요 현황과 수치 등도 정리해서 붙여둔다. 업무 중에 바로바로 확인할 수 있게 정리해두면 회의, 보고의 질이 한층 업그레이드 된다. 매번 파일을 뒤져 확인해 볼 필요도 없고, 같은 자료를 몇 번씩 출력하지 않아도 된다. 그리고 무엇보다 바로바로 대답할 수 있으니 나에 대한 신뢰가 쌓이게 된다. 그때그때 자료를 찾아보느라 수고하지 말고 하루만 정리에 투자해보길 바란다. 거기에 추가로 필요한 내용을 덧붙여 적다보면 업무수첩 하나가 가장 든든한 백데이터가 되어 나를 보조해 줄 것이다.

마지막 방법은 평소에 다른 사람들의 업무자료를 관심 있게 봐두는 것이다. 업무를 하다보면 생각보다 '창조'의 영역은 많지 않다는 것을 깨닫게 된다. 내가 처리해아하는 업무의 대부분은 누군가도 예전에 비슷하게 진행했던 업무인 경우가 대부분이다. 평소에 다른 사람들의 업무에 관심을 갖고 다양한 업무 내용을 접하다보면 나의 보고서 작성에 큰 도움이 된다. 다른 프로젝트의 보고서, 제안서, 문서 양식 등을 둘러보고 좋은 샘플은 나의 저장창고에 잘 저장해 두는 것 또한 나의 실력이 된다. 미리 준비해 두면, 폭탄같이 떨어진 업무에 당황하지 않고 좀 더 침착하게 잘 대응할 수 있다. '아, 그때 그 보고서 참고하면 되겠다'하고 말이다.

이렇게 한끗 차이로 내가 주도적으로 일하면, 일이 재미있어진다. 잘해야 재미있고 재미있어야 오래할 수 있다. 일이 좋든 싫든 잘하는 데 조금만 투자해보자. 그러면 회사일이 할만하다고 느껴지기 시작할 것이다. 내 존재가 점점 더 확고해지고 나를 찾는 곳이 많아질 것이다. 그리고 무엇보다 내가 나를 더 좋아하

게 될 것이다. '봐봐. 내가 또 하면 잘하는거 알지?' 스스로 자존
감이 올라간다.

앞으로 이 회사에 뼈를 묻든 안묻든 상관없이 나를 업그레이
드 시켜줄 곳은 지금 이곳, 회사이다. 지금 있는 곳에서 내가 온
맘을 다해 열심히 적극적으로 살아냈다면 그곳에서 배운 것은
온전히 나의 자산으로 남게 된다. 그러니 몸 사리지 말고 배워
라. 배워서 성장해라. 그것이 결국엔 다 나를 위한 것이다.

업무력 200% 상승의
스트레스 해소 공식
: 마인드풀니스

5

대학교 선배이자 회사 선배인 차장님이 실종됐다는 소식을 들었다. 며칠 전까지만 해도 회사에 잘 나오던 선배가 하루 아침에 연락이 되지 않는단다.

'다 큰 사람이 행방불명되어서 전단지까지 배포 중이라면 무슨 일이 있긴 한 거 아닐까? 아직 아이도 어리다던데 무슨 일이야 있겠어?' 머릿속이 복잡해진다. 일단은 기다려보는 수밖에. 마음이 영 심란하다.

그러다 며칠이 지났을까? 그 선배의 본인상 부고 알람이 떴다. 가장 염려했던 상황이 현실이 되어버렸다. 그 즈음 함께 일했던 후배의 이야기를 들어보니 격중한 업무와 상사의 압박 속에 많이 힘들어하셨단다. 너무 선하고 좋은 선배여서 본인도 좋아하고 따랐었는데, 놀란 마음이 진정이 되지 않는다고 말이다.

일을 하다보면 스트레스가 차올라 폭발해버릴 것 같은 때가 있다. 밖으로 터지는 것도 무섭지만 혼자 시름시름 앓는 것은 더 무섭다. 해도해도 끝이 없는 일들, 이리저리 밀려서 결국 나한테 온 일들, 해결이 안 되는 문제들 속 상사의 압박과 기한의 압박까지 더해지면 숨이 턱 막혀온다. 이것 또한 어떻게든 끝나겠지 생각하며 하나씩 해보자고 수없이 마음 먹지만, 도저히 끝이 날 것 같아 보이지 않아 야반도주라도 해야하나 싶다.

퇴근을 해도 주말에도 정리되지 않은 일들이 머릿속을 따라다닌다. 쉬긴 쉬지만 늘 뭔지 모를 압박감에 시달린다. 이렇게 복잡한 머리로는 일의 능률도 오르지 않고, 몸에 이상 증상들이 나타나기 시작한다. 소화도 안 되고 두통에 근육통에 면역력이 약해져 각종 염증이 생긴다. 쉼이 필요한 시간이다.

아무리 바쁜 하루 일과 중에도 마음 스트레칭이 필요하다. 일을 하다가 한 번씩 스트레칭으로 몸의 근육을 풀어주듯 마음을 스트레칭하는 시간도 의식적으로 만들어나가야 한다. 잠깐이라도 시간을 멈추어 세우고 과거와 미래에서 비롯되는 스트레스에서 해방되는 시간이 필요하다. 그래야 지금의 나도 살고 미래의 나도 챙길 수 있다. 또 나의 감정과 이성이 조화를 이루어 감정을 내가 스스로 컨트롤 할 수 있게 된다.

✖ 마음 스트레칭, 마인드풀니스

'마인드풀니스'란 현재 나의 생각, 감정, 감각을 있는 그대로 인정하고 수용하면서, 아무런 판단을 더하지 않고 현재를 중심적으로 알아차리는 것을 의미한다. 마인드풀니스는 우리말로 마음챙김으로 해석되곤 한다. 잠깐이라도 뇌를 쉬게 해주기 위해서는 지금 여기에 머무는 상태로 마인드풀니스에 집중하는 것이 필요하다.

우리는 의식하지 않으면 평생 무언가를 하는 'doing'에 집중한다. 하지만 마인드풀니스 관점으로는 어떻게 존재하는가의 'being'이 중심이 된다. 일상 속 마음챙김의 시간을 통해 현재의 나 그 존재 자체에 집중하는 것이다. 현재 지금 이 시간, 지금 여기를 의식하고 마음을 쉬게 해주는 연습이 필요하다.

일상 속 우리의 뇌 에너지는 계속 소진된다. 특히 혼자 끙끙대고 고민하는 사람일수록 뇌 에너지는 급격하게 새어나간다. 집중이 되지 않고 짜증이 밀려오고 무기력하고 우울하다면 뇌가 지쳤다는 신호다. 육체적인 피로 또한 뇌의 피로에서부터 비롯된다. 이럴 때는 무엇보다 심신의 휴식을 위해 마인드풀니스 시간을 갖는 것이 중요하다.

《최고의 휴식》 저자 구가야아키라는 그의 책에서 스트레스로 긴장한 신체를 이완시켜주는 마인드풀니스 방법으로 브리딩 스페이스를 소개한다.

① 명상하면서 스트레스의 원인을 한 문장으로 만들어보고, 신체의 변화를 관찰한다.

② 호흡에 집중해 지금, 여기를 의식한다.

③ 의식을 몸 전체로 넓힌다. 긴장된 부위에 호흡을 불어넣는다.

출처 : 브리딩 스페이스, 《최고의 휴식》

총 세 단계인데 첫 번째 단계는 스트레스를 받았을 때의 기분을 알아차리고 그 원인을 한 문장으로 만들어보는 것이다. 나의 스트레스 원인이 되는 생각의 패턴을 살펴보고 그에 따른 나의 신체의 변화를 관찰해보는 것이다. 그 다음에는 호흡에 집중해 지금, 여기를 의식하는 것이다. 호흡에 숫자를 붙여 카운팅해보며 집중해봄으로써 과거, 미래가 아닌 현재에 몰입할 수 있게 된다. 마지막으로 몸의 전체로 의식을 넓혀가 몸 전체가 호흡한다는 느낌으로 몸의 긴장된 곳곳에 호흡을 불어넣어 그곳이 이완되는 느낌을 갖는다. 호흡과 함께 긴장이 풀리고 열리는 느낌이 들도록 편안하게 호흡에 집중해보는 것이다.

이 방법으로 하루에 5분 짬을 내어 시도해보길 바란다. 자기 자리에서 해보아도 좋고, 아니면 잠시 회사 건물을 나와 산책을 하며 호흡해 봐도 좋다. 해야 할 일들에 쫓겨 얕아진 호흡을 되돌리고 압박감과 스트레스에서 벗어나 온전히 지금의 나와 마주할 수 있는 방법이다.

✖ 숨 쉬며 살자

뇌가 쉬어야 긴장된 몸의 곳곳이 이완되고 마음에 여유, 빈 공간도 생긴다. 그래야 나의 생각과 환경이 나와 동일시되지 않고 분리되어 객관적으로 바라볼 수 있게 된다. 긴장감이 풀리고 유연해져야 괜한 감정소모로부터 자유로워지고 과하게 애쓰지 않는 여유도 생긴다.

나 또한 회사에서 업무 부담에 못이겨 가만히 앉아있어도 배에 탄 것처럼 속이 울렁거리고 감정조절이 안 될 때가 있었다. 그 감정들은 꾹꾹 눌러 단단한 화로 바뀌었고 이러다 내가 죽겠다 싶은 날들의 연속이었다. 그 즈음 살려고 시작한 것이 옥상에 올라가 깊게 숨 쉬는 것이었다. 그러면서 그 시간 나 자체에 집중하기 시작했다. 고생 많았다고 다독여주기도 하고 순간 울컥함이 올라올 때는 혼자 눈물을 흘리기도 했다. 그 순간 현재에 집중하니 내가 보이기 시작했다. 아무리 깊게 쉬려해도 쉬어지지 않았던 숨이 점점 깊어지기 시작했다. 그러면서 내가 살아났다.

나에게 집중하는 시간이 하루 단 5분뿐이라는 것은 슬픈 현실이지만 5분부터라도 시작해보자. 문제를 들고 지고 있다고 해결되지 않는다. 지금 당장 나를 불러내어 숨부터 쉬자. 그리고 그 순간의 나와 대면해보자.

'잠깐 나와. 숨 좀 쉬게.'

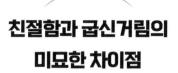

친절함과 굽신거림의
미묘한 차이점

6

'내가 얼마나 만만해보였으면'

저녁에 자려고 누우면 이런저런 생각이 꼬리를 문다. 오늘 오후에 나를 무시했던 직장 상사의 표정과 말투가 자꾸 거슬린다. 직장 상사야 그렇다 치고 새로운 업무를 은근슬쩍 넘기는 후배 덕에 결국 이번 일도 내가 또 떠맡게 되니 나는 대체 뭐하는 건가 싶다. 내가 우스워보이나? 내가 만만해보이나? 화가 나기도 하고 억울하기도 하지만, 제대로 받아치지 못한 내가 바보 같아 더 속상하다. 결국 화살은 나에게로 향한다. 내가 더 열심히 했어야 했을까? 내가 일처리를 잘못해서 그런가? 자존감은 또다시 바닥을 친다.

왜 나는 나에게 무례한 사람에게조차 확실하게 대응하지 못하는 걸까? 왜 나는 마음에 안 드는 상황에서도 사람 좋은 척 꾹 참고 마는 걸까? 그렇게 다 맞춰준다고 사람들이 나를 특별나게 좋아해주는 것도 인정해주는 것도 아닌데 말이다. 오히려 나를 더 무시하고 함부로 대하는 느낌마저 들기도 한다.

✖️ 내가 친절한 진짜 이유

내가 사람들 눈치를 보며 과한 친절을 베푸는 이유는 뭘까?

사람에게 잘 보이고 싶고, 내가 좋은 사람이라 인정받고 싶은 마음이 그 첫 번째 이유이다. 내가 행여나 이기적으로 보일까, 나쁜 사람으로 보일까, 무능해 보일까 싶어 '보여지는' 모습에 온 신경을 쓴다. 그래서 남의 기준에 맞추느라 하루종일 눈치를 보며 굽신거리게 되는 것이다. 결국 나의 기준은 점점 더 희미해지고 자신이 무엇을 원하는지도 모른 채 남에게 초점을 맞춰 살게 된다.

또 하나 과한 친절을 베푸는 이유는 자기 스스로를 믿지 못하고 확신이 없기 때문이다. 내 능력과 생각, 감정에 자신이 없으니 강하게 주장할 수도, 주장할 것도 없다. 자존감은 점점 더 낮아지고 그러면 다른 사람의 조그만 주장, 표현에도 적절히 대응하지 못하고 쉽게 당황해버린다. 당황하는 그 순간, 착한 사람을 자처해 빨리 그 상황을 모면하는 선택을 하게 되는 것이다.

그리고 마지막 이유는 갈등을 피하고 싶은 마음 때문이다. 사람들과의 마찰이 두렵고 상처받기 싫은 마음에 일단 당장의 갈등을 피하는 것에 중점을 둔다. 당장은 내가 맞춰주고 참는 것이 차라리 속 편하기도 하다. 하지만 갈등을 피하는 것은 중장기적으로 좋은 전략이 아니다. 지금 잠깐 덮어둔 그 갈등은 결국 터지기 마련이고 그때까지 감내할 사람은 결국 그 불편함을 허용한 나 자신인 것이다.

✖ 착한데 만만하지 않은 사람이 되려면

친절이 과해서 과도하게 굽신거리면 사람들은 나를 편하게 아니 막 대한다. 그래도 되는 사람은 없지만 그래도 되는 사람이라 생각한다. 과잉 친절은 그것이 기본값이 되어 조금만 불친절해도 비난이 되어 돌아온다. 악순환이다. 어떻게 해야 이 악순환을 끊어내고, 부드럽고 친절하되 해야할 말은 냉철하고 명확하게 잘 전달할 수 있을까?

이때 가장 필요한 것은 유능함이다. 업무에 있어서의 나의 아우라, 전문성을 키우는 게 우선이다. 업무에 대한 나의 전문성이 탄탄해지면 자신감 있게 업무를 추진하면서 성과로 나를 증명할 수 있게 된다. 더 이상 남의 시선에 휘둘리지 않고 친절이 아닌 실력으로 나를 보여줄 수 있다. 부족한 친절함은 유능함으로 채워가면 된다. 내가 실력이 있고 유능하면 다른 사람들에게 진짜 도움을 줄 수 있다. 그때 사람들은 나에게 고마움을 느끼고 나를 함부로 대하지 않게 된다.

그리고 다음으로 필요한 것은 자기 확신이다. 우선 내 판단과 생각에 대해 나 스스로부터 믿어주고 지지해주자. 내 생각과 감정은 옳다. 단단한 자기 확신을 가지고 자신있게 나를 어필하자. 자기 주장을 표현하는 것도 훈련이 필요하다. 생각한 것을 말하고 메시지를 전달해라. 남들 생각도 사실 별것 없다. 자신있고 여유로운 태도, 그것이 전부다.

무례함에 확실히 대응하는 것 또한 중요하다. 무례함에 대응하는 가장 기초적인 단계는 웃어주지 않는 것이다. 무한 친절 굴레에 빠진 사람들은 무례한 상황에서 웃음으로 넘겨버린다. 당장의 갈등 상황을 빨리 벗어나기 위해 어색하게 웃으며 좋게 마무리하려 든다. 하지만 웃어주지 않는 것만으로도 상대방에게 경고의 신호를 줄 수 있다. 그 다음 내 생각을 차분하고 솔직하게 표현하자. 그전에 구부정하게 웅크린 자세를 바로잡고 당당히 반듯하게 서서 말이다.

마지막 방법으로는 상대방의 무례한 행동을 그 사람의 문제로 생각하는 것이다. 우리는 다른 사람의 말투와 표정을 개인적으로 받아들여 오해하고 확대 해석할 때가 많다. 내가 상대방의 행동을 나에 대한 부정적인 반응으로 해석하면 주눅이 들고 눈치를 보게 된다. 하지만 반대로 다른 사람이 어떻게 생각하고 행동하든 나와 연관짓지 않고 그 사람의 감정과 상황으로 생각하면 그뿐이다. 더 이상 상대방의 태도가 나의 일상과 감정을 침

범하지 않게 되는 것이다. 이것이 진정한 위너다.

굽신거림의 굴레에서 빠져나오려면 마음을 단단히 먹어야 한다. 빠져나오는 그 순간이 가장 어렵기 때문이다. 사실은 내가 착해서 참는 것이 아니라 내가 약하기 때문에 참는 것임을 인정하자. 나의 친절함은 남에게 잘 보이고 싶고 자기 자신에 대한 확신이 없고 갈등을 피하고 싶어서 스스로 선택한 것이다. 스스로 착한 사람이라는 프레임으로 나의 무능함, 두려움, 게으름을 덮어두려 하지 말자. 나를 무시하는 사람에게 그 책임을 다 덮어씌우지도 말자. 이 감정노동의 늪은 내가 만들었고 나 스스로 빠져나올 수 있다.

이제 나의 정체성을 바꾸자. '착한데 기 센 사람, 웃긴데 만만하지 않은 사람, 부드러운데 함부로 대할 수 없는 사람'으로 말이다. 나는 부드럽지만 유능한, 언제든 도움을 줄 수 있는 능력자이다.

부드럽지만 센 사람이 되자.

첫인상이
전부다

7

어느날 중요한 사장님 보고 건이 있었다. 마침 사장님이 근처 대학교에서 열리는 토론회에 참석하신다 하여 그곳에서 보고드리기로 했다. 사장님이 토론회 찬조연설을 마치고 나오셔서 보고 장소로 함께 이동하는데 한 여성분이 사장님께 다가왔다. 어느 중소기업의 여성 대표셨던 그분은 회사 소개를 간단히 하시고 팸플릿을 전달하고 가셨다. 그 여성 대표가 떠나자마자 사장님이 내뱉으신 한마디가 기억에 오래 남았다.

사장님이 무심결에 내뱉은 말은 바로 "에이, 그냥 아줌마네."였다. 사실 사장님의 이런 표현 방식이 내심 실망스러웠지만 그 일은 나에게 몇 번이고 다시 생각하게 되는 '의미' 있는 사건이 되었다. 무엇이 그 여성 대표님을 단번에 '그냥 아줌마'로 보이게 했을까?

✖ 0.1초, 첫인상의 힘

인간의 뇌는 매우 짧은 시간 안에 상대방에 대한 첫인상을 형성하는 것으로 알려져 있다. 최근 연구에 따르면, 사람들은 얼굴을 본 후 0.1초 이내에 신뢰성, 지위, 매력도와 같은 성격 특성을 평가할 수 있다(토도로프 외, 2017)고 한다. 또한, 윌리스와 토도로프의 연구(《Psychological Science》, 2006)에서도 이러한 첫인상 평가는 0.033초의 짧은 시간 동안에도 이루어질 수 있으며, 추가적인 시간이 주어져도 판단의 정확도는 크게 향상되지 않는다고 밝혔다(《PsyPost-Psychology News》).

또 팔로마레스와 동료들(2021)의 연구(《Psychology Today》)에 따르면, 첫인상은 단순히 외모에 기반한 초기 평가일 뿐 아니라, 이후의 관계 형성에도 중요한 영향을 미칠 수 있다는 것이다. 이 연구는 사람들이 신뢰성, 지위, 매력도를 빠르게 평가하며, 이러한 초기 평가가 이후 상호작용과 협력적인 관계 형성에도 큰 영향을 미친다는 것을 보여준다.

이렇듯 외모가 전부는 아니지만 큰 경쟁력인 것은 확실하다. 인간의 뇌는 아주 짧은 순간에 상대방에 대한 호감이나 신뢰 여부를 판단한다. 대부분 시각적 이미지, 외적 모습으로 판단하는 것이다. 외모는 단순히 보이는 모습뿐만 아니라 자신의 능력을 부각시키고 돋보이게 하는데 매우 큰 역할을 한다. 이로 인해 외모가 더 나은 업무 환경과 협력적이고 우호적인 관계 형성까지도 영향을 미치는 것이다. 아무리 내면에 숨겨진 매력과 내공이 숨어 있어도 외모에 서부터 막혀버리면 막상 나의 진가를 보여줄 기회가 없다. 결국 나의 능력을 발휘하기 위해서라도 외모가 먼저다.

좋은 인상을 주기 위해 모두가 다 큰 눈에 오똑한 코, 하얀 피부일 필요는 없다. 최신 유행 옷 스타일을 쫓아 자신과 어울리지 않는 옷들을 입을 필요도 없다. 날씬하고 예쁜 몸매가 아니어도 된다. 호감을 주는 외모는 예뻐 보이는 것과는 다르다. 이러한 외모의 조건들은 당장 바꿀 수도 없다.

내가 지금 바꿀 수 있는 것은 그런 외모의 외적 조건들이 아닌, 외모에 드러나는 나의 내면의 모습들이다. 외모에는 생각보다 많은 것들이 나타난다. 나의 기분, 태도, 컨디션, 생활습관, 성향 등 말이다. 이런 것들은 내면으로부터 풍기는 나의 진짜 모습들이다. 잘 관리된 내면은 겉모습에 자연스럽게 나만의 매력으로 묻어나기 마련이다.

✖ 첫인상도 관리가 필요하다

그렇다면 사람들에게 좋은 인상을 주고 그들과 좋은 관계 속에서 나의 능력을 십분 발휘하려면 어떻게 해야할까?

우선 첫인상 관리의 기초는 체력 관리이다. 아무리 좋은 외모를 가지고 있어도 너무 피곤해보이거나 졸려보이거나 아파보이면 사람들에게 좋은 인상을 줄 수 없다. 본인조차도 그런 컨디션으로는 누구에게 잘 보이고 싶은 마음조차 사라지고 아무런 의욕도 생기지 않는다. 기본적인 일상에서 건강한 활력을 가지는 것이 필수이다. 충분한 수면부터 시작해서 건강한 식습관으로 몸의 컨디션을 관리하자. 건강한 신체는 밝고 건강한 인상을 주는 데 필수적이다. 만약 지금 체력이 너무 달리고 피곤해서 만사가 귀찮고 작은 일에도 짜증이 밀려온다면 건강루틴부터 실행할 때다.

좋은 첫인상을 주려면 일상 속 청결 또한 중요한 요소이다. 깨끗하고 단정한 외모는 사람들에게 신뢰감을 주며 긍정적인 인상을 준다. 매일 샤워하고, 깔끔한 옷을 입고, 주변 환경을 정돈하는 것은 기본 중 기본이다. 최신 유행 스타일이 아니어도 깔끔한 옷차림과 스타일이면 충분하다. 본인을 청결하게 가꾸면 스스로도 자신을 긍정적으로 돌보게 되어 자존감도 높아진다. 높아진 자존감은 자신감 있는 태도로 이어져 나의 이미지에 또 한 번 긍정적인 영향을 미치게 된다.

그리고 중요한 것은 미소짓기다. 관심과 경청, 그리고 미소는 좋은 인간관계를 형성하는 데 있어 핵심적인 역할을 한다. 그 중 미소가 시작이다. 미소는 가장 간단하면서도 강력한 첫인상 도구이기 때문이다. 미소를 지음으로써 친근하고 긍정적인 인상을 줄 수 있다. 상대방의 이야기를 진심으로 경청하고, 항상 친절하게 대하며, 미소를 잃지 않는 태도는 내가 상대방을 존중하고 있음을 보여주며, 이는 다시 나에게 돌아오는 신뢰와 호감으로 이어지게 되는 것이다.

마지막으로 중요한 것은 시간을 잘 관리하는 것이다. 첫인상 관리와 시간 관리는 직접적인 관련이 없어 보이지만, 이는 신뢰를 주기 위한 중요한 요소가 될 수 있다. 중요한 일을 우선순위에 따라 계획하고, 체계적으로 일정을 관리하는 것은 삶을 더 효율적이고 의미 있게 만들어준다. 분주함 속에서도 여유를 가지고 계획적으로 움직이는 사람은 신뢰를 받게 된다. 또, 시간 약속을 잘 지키는 습관은 더욱 믿음을 준다. 잘 관리된 시간 속에서 자연스럽게 생겨나는 마음의 여유는 상대방에게 그대로 전달되며 이는 좋은 인상으로 이어진다.

이렇듯 체력 관리, 청결하고 단정한 외모, 미소, 그리고 시간 관리는 첫인상을 좋게 하는 데 매우 중요한 요소이다. 이를 통해 나 자신을 잘 관리하고 좋은 인상을 주는 것은 단순히 보이는 외모를 가꾸는 것을 넘어, 내면의 성장을 돕고 삶 전체를 정돈되고 풍요롭게 만드는 길이다. 좋은 외모와 거기서 풍기는 자신있고 멋진 모습은 내가 일상을 정돈되게 잘 살아내고 있고 컨트롤하고 있다는 증거이다.

자신의 일과 처한 상황에 맞게 잘 관리된 모습은 상대방에게 호감을 불러일으키고 더 나아가 신뢰를 얻는다. 호감으로 시작된 업무관계는 협조적인 분위기 속에 일이 한결 재미있고 수월하게 진행된다. 일이 힘들어도 함께 협력하는 분위기 속에서 에너지가 늘 넘치게 되는 것이다.

좋은 첫인상 하나로 일이 술술 풀리기도 하고, 한번 박혀버린 안 좋은 인상으로 계속 삐그덕대기도 하는 것이 사람의 일이다. 오늘부터는 나의 첫인상을 관리해보자. 아무 준비가 안 되어 있다면 일단 웃자.

"You never get a second chance to make a first impression.(첫인상을 남길 두 번째 기회는 없다.)"

- 오스카 와일드

세계 최고의 인재들이
가장 중시하는 것

8

직장인 K는 시간 약속을 철저히 지킨다. 누구와 한 약속이 있으면 꼭 지켜야 한다는 압박감에 엄청난 부담을 느끼지만 결국엔 시간을 지켜낸다. 이것은 그의 강점이자 약점이다. 그 약속을 지키기 어려운 상황이면 상대방과 소통해가며 조율도 해야하는데 그게 참 어렵다. 그래서 어떻게든 해내려 애쓰고 그 과정에서 스스로를 강하게 통제하며 스트레스를 많이 받는다. 항상 뭔가에 쫓겨 지내니 얼굴이 늘 울상이다.

반면에 P는 약속된 기한이 다가와도 항상 여유가 있다. 배짱인지 용기인지 '배째라' 마인드로 쉽게 기한을 넘겨버리기도 한다. 주변 동료들의 독촉에 스트레스를 받기는 하지만 금세 합리화하며 잊기도 잘한다. '바쁜 걸 어떡해? 내가 연락 안하면 바쁜가보다 하겠지, 급하면 다시 연락오겠지.' 하며 편하게 생각한다. 세상 편한 마인드의 소유자이지만 직장내에서 갈수록 신뢰는 떨어지고 업무에 늘 쫓기기는 마찬가지다.

시간 압박에 온갖 스트레스를 받으며 수동적으로 일을 하는 K도, 자신의 상황만을 우선시하며 '배째라' 식으로 시간 약속을 매번 어기는 P도 직장생활이 피곤하긴 마찬가지다. 어떻게 하면 주어진 일을 주변 사람들과도 잘 소통하며 조율하고, 스트레스 없이 약속한 기한 내에 잘 해낼 수 있을까?

✖ 성공적인 직장생활의 기본

도쓰카 다카마사가 쓴 책《세계 최고의 인재들은 왜 기본에 집중할까》에서는 기본을 지키는 것이 성공적인 직장 생활의 핵심이라고 강조하는데, 특히 시간 약속을 지키는 것이야말로 상대와 쌓아가는 가장 기본적인 신뢰이고, 약속을 반드시 지키는 사람에 대한 안도감이며 더 나아가서는 누군가의 규제가 아닌 자기 내면에서 세운 규율을 지키는 사람에 대한 존경으로도 연결된다고 설명한다.

시간을 지키는 것은 상대와의 가장 기본적인 신뢰관계를 형성한다. 매번 습관처럼 헐레벌떡 겨우 약속 시간에 맞춰 도착하거나, 매번 늦어서 죄송합니다를 연발하는 사람은 신뢰가 떨어진다. 시간에 쫓기면 실수도 잦고 아쉬운 소리를 해야하는 상황을 스스로 만들게 된다. 반면 자신의 스케줄을 잘 관리하고 시간약속을 잘 지키는 사람에게는 여유와 신뢰가 묻어난다.

✖ 중간 보고가 시간을 단축시킨다

직장에서 약속된 기한을 잘 지키고 한결 여유있게 업무를 처리하기 위해 지켜야할 루틴 첫 번째는 상사가 물어보기 전에 미리 중간보고를 하는 것이다. 포인트는 중간에 상사가 먼저 말을 꺼내기 전에 미리 준비된 채로 중간보고를 하는 것이다. 내가 준비되지 않은 상태에서 상사가 갑작스레 불러서 진행상황을 늗게 되면 당황하게 되고 두서없이 이런저런 변명으로 이어지기 쉽다. 반면에 내가 준비된 상태로 중간보고를 하면 자신감 있는 태도로 간단하고 명료하게 보고할 수 있으니 우선 상대방도 신뢰를 가지고 들을 수 있다. 현재 진행상황 공유를 통해 상사와 업무 방향을 맞추고 필요하면 기한을 조정할 수도 있으니 혼자 스트레스 받고 있을 이유가 전혀 없다. 자발적인 중간보고로 주도적인 일처리가 가능한 것이다.

중간 진행상황을 보고하기에는 지시 받은 다음날 아침시간이 최적이다. 업무를 받고 개략적으로 파악이 되면 그 다음날 아침 그 업무와 관련해 상사에게 간략한 경과보고를 하는 것이다. 그러면 상사의 입장에서는 바로 다음날 아침 빠른 피드백으로 신뢰도가 높아질 수밖에 없다. 또 상사와 중간 소통을 통해 방향을 맞춤으로서 진도가 빨라지고 완성도 또한 높아진다. 이렇게 바로 피드백을 받게 되면 혼자 고민하고 엉뚱한 방향에서 헤매는 시간을 줄일 수 있을 뿐만 아니라, 하루 종일 바쁜 상사에게 보고할 타이밍을 찾느라 기웃거리지 않아도 되니 시간을 효율적으로 쓸 수 있게 된다.

모든 것이 완료된 상태에서 보고하면 상사의 피드백에 예민해질 수밖에 없다. '이걸 다시 다 엎으라고?' 울그락 불그락 표정은 숨기기 어렵고 마음 속에서는 반란이 일어난다. 다급해지고 여유가 없어진다. 중간중간 상사와 업무의 결을 맞춰가는 것이 조금 느린 듯해도 가장 빠른 길이다. 중간중간 스몰토크로 나의 상황이 공유되어야 상사도 나의 수고가 보인다. 혼자서 묵직하게 자리에 앉아 끙끙대는 것은 아무도 모른다. 알 수가 없다.

✕ 퇴근에도 준비가 필요하다

시간을 잘 활용하여 기한내 업무를 처리하기 위한 두 번째 루틴은 퇴근할 때도 준비가 필요하다는 것이다. 퇴근 즈음에 하루 업무를 마감하며 그대로 덮어두고 퇴근해버리면 다음날 아침 업무 복귀까지 워밍업 시간이 오래 걸린다. 일을 완전히 새로 시작하는 느낌마저 든다. 그날 해야할 일을 파악하느라 어영부영 오전 시간을 흘려보내면 오늘 하루도 무거운 업무의 짐만 하루종일 지고 있다가 다시 퇴근시간을 맞이하게 될지도 모른다. 하루 업무를 마감하고 퇴근할 때 미리 다음날 업무를 위해 정돈을 해놓고 가는 것이 중요하다. 그날 하루 업무 중 출력된 문서들을 파일별로 잘 정리해

두고, 다음날 바로 업무에 집중할 수 있도록 자리정돈과 할 일 정리를 해두면 다음날 아침에 바로 전력해서 일에 매진할 수 있다. 가장 집중이 잘 되고 중요한 아침 시간을 쫓기지 않고 여유와 안정 속에서 효율적으로 일처리가 가능해지는 것이다. 퇴근시간 10분 정리가 다음날 오전시간, 아니 하루의 업무 질을 좌우한다.

✖ 직장생활 최고의 칭찬

직장생활이든 자기 사업이든 일은 소통의 연속이다. 소통은 신뢰를 전제로 할 때 원활하게 목표가 달성된다. 신뢰가 쌓이려면 약속한 시간을 지키는 것은 필수다. 나조차도 업무 상대가 자꾸 기한을 차일피일 미루고, 내가 먼저 연락해야 겨우 피드백을 받을 수 있다면 신뢰는커녕 함께 일하고 싶지 않아진다. 일을 진행하면서도 미심쩍으니 찜찜한 마음만 든다. 일에 탄력이 붙어 함께 치고나가지 못하고 계속 지지부진하여 서로 미루기 바빠진다. 함께 일할 사람을 선택할 때에 시간을 잘 지키는 사람, 소통이 원활한 사람을 골라야하는 이유다.

나부터 시간을 잘 지키자. 사실 일하면서 시간이 늦어지는 것은 비일비재하다. 중요한 것은 그 시간을 지키려는 의지와 중간 소통 과정, 그리고 함께 노력하고 있다는 느낌이면 된다.

"그 친구는 기본이 되어 있어."

이 말이 직장생활 중 최고의 칭찬이 아닐까?

Chapter.4

파워 루틴핏 (2)

경제적 자유를 위한 실행력!
부의 루틴핏

보이지 않는 돈이 진짜다
: 부의 마인드셋

1

　별다른 일정이 없는 주말이면 나는 조금은 한적해서 좋은 어느 고급 주상복합에 있는 스타벅스에 가서 책을 읽곤 했다. 주변 테이블에는 딱 봐도 부유해 보이는 사람들이 와서 시간을 보내다 간다. 의식을 하려한 건 아닌데, 나도 모르게 의식이 된다.

　'저 사람들은 참 행복해보인다. 부자겠지? 나랑은 다른 부류겠지.'

　왠지 모를 텅빈 공허한 마음에 집으로 돌아오는 길, 내 마음속에 처음으로 강한 의문이 생겼다.
　'내 인생은 여기까지인 걸까? 나는 평생 저런 집, 저런 좋은 차

는 못 갖는 걸까?'

솔직히 우리 부모님이 돈 버느라 고생하신 것에 비하면, 회사에서의 내 고생은 사실 아무것도 아니었다. 적어도 나는 대접받으며 일했으니 말이다. 여태껏 그렇게 좋은 직장, 안정적인 직장에 강제 만족하며 살아왔다. 매달 아등바등 살긴 했지만, '다 그런 거지'라고 생각하며 그저 현실에 만족하며 살았다.

그런데 언제부턴가 점점 다른 사람들의 삶이 눈에 들어오기 시작했다. SNS 속 부자들, 특히나 나와 같은 또래나 더 어린 사람들이 여유롭게 누리며 사는 모습을 보니, 내 삶이 초라하게 느껴졌다. 처음으로 나 자신에게 솔직해졌다.

'나도 저렇게 살아보고 싶어. 사실 나도 부자가 되고 싶어.'

처음으로 내뱉어 본 나의 진심에 울컥 눈물이 차올랐다. 그렇게 나는 조금씩 부에 대한 마음을 열고 부자들의 마음가짐과 마인드셋을 배우기 시작했다.

✖ 부자가 되기 위한 첫걸음 : 돈에 대한 생각을 정정하라

부자가 되려면 돈에 대한 나의 생각을 인식해보고 나 자신에 대해 자세히 관찰해보는 것부터가 시작이다. 돈과 자신에 대해 객관적으로 인식하고 이해하는 시간이 필요하다. 나에게 아무리 많은 지식과 기술이 있다해도 돈에 대해 올바르게 인식하고 있지 않다면 잠깐의 돈 맛을 볼 수 있을지는 몰라도 결국 성공은 내 것이 될 수 없다.

돈은 인격체다. 부자가 되고 싶다면 내가 돈에 대해 갖고 있는 생각과 감정부터 점검해야 한다. 어릴적부터 돈에 대해 부모님께 받은 영향, 돈에 대해 느끼는 감정들, 돈이 많은 사람들에 대한 편견들을 돌아보고, 그것이 나의 가치관과 삶의 방향에 어떤 영향을 미쳤는지 곰곰이 생각해보자. 그러면 진짜 나를 만날 수 있다.

경제적으로 여유가 없어 불안하고 예민했던 가정환경, 부자는 이기적이고 냉정할 것이라는 편견, 돈은 뼈 빠지게 일해야 벌 수 있고, 아무나 부자가 될 수 없다는 생각들. 이 생각들로부터 지금의 내가 만들어졌다. 지금의 나는 여태까지 내가 생각하고 행동해온 방식의 결과물이다.

✖ 변화를 선택하고 선언하는 힘

나에 대해 알았다면 이제 변화를 선택해야 한다. 돈에 대한 사건들, 생각들로부터 나를 분리시켜야 한다. 타고난 금수저, 흙수저를 내가 선택할 수는 없지만, 내가 물려받은 돈에 대한 관점은 나 스스로 바꾸기로 결정할 수 있다. 바꾸기로 선택하는 것은 나의 몫이다. 내 인생을 바꾸겠다고 결심하고 예전의 나로부터 분리될 것을 선택해보자. 행복과 성공에 도움이 되는 생각만 선택하고 나머지 반대의 것, 내가 부자가 되는 것을 막는 것은 버리기로 말이다.

행복한 부자가 되기로 선택했다면 새로운 생각과 가치관으로 다시 세팅해야 한다. 원하는 삶을 자세히 그려보고 선언해보자. 처음 선언하는 것은 힘들다. 하지만 내가 그랬듯 눈 질끈 감고 당당하게 외쳐보자. 지금의 삶이 만족스럽지 못하나면 인생을 정말로 바꿔보고 싶다면 그 상상과 선언의 시간을 더 자주, 더 많이 가져야 한다. 그리고는 그 선언대로 될 것임을 믿고 그 과정을 기꺼이 감내해내겠다 다짐해야한다.

돈은 힘이다. 그것을 갖겠다는 마음에 깊은 욕망을 품어야 한다. 돈이 있어야 많은 것을 배우고 경험하고 누리고 나누는 삶을 살 수 있다. 어떤 포장으로도 가난은 나를 행복하게 할 수 없다. 돈을 원하는 것은 지극히 정상적이고 건강한 생각이니 마음껏 꿈꾸고 원하자. 목표하는 삶이 명확할수록 인생이 바뀔 가능성은 커진다. 더 자세히 세세히 생생하게 상상하고 선언해보자. 그리고는 그런 삶을 끌어당겨보자.

✖ 진짜 끌어당김은 행동이 수반되어야 한다

끌어당김에는 두가지 방법이 있다. 하나는 생각으로, 또 다른 하나는 행동으로다.

먼저는 생각이다. 원하는 것을 얻을 수 있다는 견고한 믿음을 가지고 나의 생각을 수시로 점검해야한다. 나의 목표를 흔들고 믿음을 깨뜨리는 모든 부정적인 것들에는 마음을 닫고, 나에게 힘과 믿음을 주는 것들을 잘 선택해나가야 한다. 생각은 원하는 것을 현실로 만드는 원료이자 가장 강력한 힘이다. 먼저는 생각을 잘 관리하자.

그 다음은 행동이다. 내가 원하는 것과 반대되는 행동을 멈추고, 원하는 것을 향해 성공한 하루를 쌓아가야 한다. 성공하는 하루하루가 쌓여야 부자가 된다. 오늘 해야할 마땅한 일을 해나가는 것이 성공의 마지막 핵심인 것이다. 하루하루의 행동이 효율적이면 성공한 인생을 살 수 있지만 비효율적인 방식으로 너무 많은 시간과 힘을 낭비한다면 부자가 될 수 없다.

지금 당장의 성과가 눈에 보이지 않더라도 열매를 맺기 위해 뿌리내리는 일부터 차근히 쌓아가자. 지속하는 데 힘이 있다. 계속 시도하고 개선하고 시도하자. 그러다 만나는 작은 기회와 우연 속에서 성장하고 발전해가라. 시도하는 힘은 행동에서 나온다는 것을 잊지말자.

나는 여러분이 나처럼 성공을 기대하면 좋겠다. 한 번뿐인 나의 인생, 그렇게 하찮게 우습게 끝내지 말자. 최대한 몸을 사려 가며 있는 듯 없는 듯 지내는 삶은 지겹다. 만족도 없다. 잠재력을 충분히 발휘하면서 발전하고 성장해 나갈 때 행복할 수 있다. 안주하며 편안함을 쫓을수록 두려워질 뿐이다. 오히려 불편을 감수하고라도 목표를 향해 밀고 나갈 때 성장하고 결국 목표를 이룰 힘을 얻는다.

성공할 수 있다고 자신을 믿자. 그리고 목표를 향해 꾸준히 전진하자. 부자가 되기위해 헌신하자. 그 삶이 훨씬 행복하고 주도적이고 가치있다는 것을 느끼게 될 것이다.

인생 최고의 날은 내 인생은 내 것이라고 결심하는 날이다.

-앨런 피즈, 바바리 피즈, 《결국 해내는 사람들의 원칙》

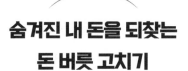

숨겨진 내 돈을 되찾는
돈 버릇 고치기

2

사실 몇 년 전까지만 해도 나는 시간이 날 때 백화점을 이리저리 둘러보는 것이 삶의 즐거움 중 하나였다. 딱히 할 일 없는 날에는 백화점에 갔다. '뭐 살 거 없나?' 생각하며 돌아다니다 보면 어김없이 필요한 것이 생긴다. '아! 나 봄 자켓이 마땅한 게 없는데?', '엇! 저기 저 요가복 예쁘네, 1+1 행사한다고?' 생각지 못한 지출이지만 득템에 행복한 마음으로 얼른 결제를 한다. 이번 달은 좀 절제하며 지냈으니 이 정도는 사도 된다며 합리화해보지만, 이러다 보니 매달 돈 씀씀이가 당최 줄어들질 않는다.

✖ 대체 돈은 어떻게 모으는 걸까?

돈을 모으는 세가지 방법은 "1. 수입을 늘린다. 2. 지출을 줄인다. 3. 투자해 수익을 낸다."이다. 지금 당장 돈을 모으기 위해 할 수 있는 일은 단연코 지출을 줄이는 일이다. 지출을 줄이려면 현재 내 자산과 수입은 얼마인지, 고정지출과 변동지출은 얼마인지, 줄일 수 있는 지출이 얼마인지를 파악하는 것부터가 시작이다.

그런데 한번 생긴 씀씀이 습관은 좀처럼 고쳐지지 않는다. 잘하는가 싶다가도 한순간에 지출이 폭발하기도 하고, 그 여파로 몇 달을 고생하기도 한다. 사도사도 필요한 것은 늘 있다. 매달 돈 나갈 곳은 어김없이 생겨난다. 돈 나갈 곳이 없으면 만들어서라도 지출을 해내는 능력까지 있으니 지출을 줄이는 것은 훈련이 필요한 영역이다.

✖ 사지 않는 것도 훈련이다

지출을 줄이는, 소비하지 않는 습관은 어떻게 만들 수 있을까? 일단 지금 당장 필요없어도 '싸니까', '언젠간 필요하니까' 사는 습관을 버려야 한다. 이렇게 사서 쟁여놓은 물건들은 펑펑 써'버리는' 습관으로 이어진다. 있는 것을 빨리 써'버려야' 새것을 쓸 수 있고, 사 놓은 것이 많으니 아끼지 않고 펑펑 써버리게 된다. 있는 것을 다 쓰고 사는 습관, 재고를 쌓아두지 않는 습관, 싸다고 대량으로 사지 않는 습관부터가 먼저다. 결국 가장 기본은 일단 '사지 않는 것'이다.

사지 않으려면 '살 것'을 먼저 정해두어야 한다. '쇼핑리스트(목적)'를 가지고 쇼핑하는 것과 '뭐 필요한거 없나?' 혹은 '일단 구경이라도 해보자.' 하는 마음으로 둘러보는 것은 차원이 다르다.

쇼핑리스트 없는 쇼핑은 우리가 마케팅 앞에 속수무책으로 당할 수밖에 없게 만든다. 우리는 온갖 종류의 마케팅을 당해낼 수가 없다. 마케팅은 나보다 백수 위다. 마케팅을 이기는 한 가지 방법은 쇼핑에 나서기 전 '온전한' 정신으로 생각해서 '살 것'을 미리 정해두고 가는 것뿐이다.

그리고 유독 만나기만하면 쇼핑으로 이어지는 관계가 있다. 이런 관계는 딱히 일정이 없으면 쇼핑으로 자연스럽게 이어진다. 이 경우 함께할 수 있는 다른 것을 찾아보는 것이 좋다. 쇼핑 대신 미술관 관람, 산책, 요리 등 쇼핑이 아닌 활동으로 바꿔가보는 것이다. 그것이 그 둘의 관계도 깊어지고 함께한 추억도 풍성해지는 시간이 될 것이다.

사람은 눈으로 보면 사고 싶어진다. 아무 생각이 없다가도 백화점 매장에 걸려있는 옷을 보면 갖고 싶어진다. 요즘은 온라인 쇼핑이 더 활성화되어있다 보니 내가 관심있게 본 상품과 관련한 각종 광고와 알림이 수시로 나를 자극한다. 마치 그 상품을 살 때까지 광고가 따라다니는 것 같은 느낌마저 든다. 연관상품, 추천상품, 파격세일 등을 클릭하는 순간 절제하기가 힘들어진다. 각종 광고와 알림부터 차단하자. 내가 정말 필요할 때 딱 필요한 양만큼 사는 것이 돈도 시간도 절약하게 해주는 습관이다.

요즘은 살 것이 너무 많은 것이 문제다. 그 종류와 기능이 너무나도 다양하고 하나같이 다 필요해보인다. 가격까지 저렴하다. 그러다보니 이것저것 사들인 물건들로 집안이 넘쳐나기 일쑤다.

물건을 사기 전에 그 물건이 내 일상 공간에 들어왔을 때의 모습을 상상해보는 것이 좋다. 막상 사고나니 집이 좁아 불편하고 보기에도 정돈되지 않아 천덕꾸러기가 되는 물건들이 많이 있다. 물건을 살 때에는 그 수납까지 고려해 소비해야 한다는 것도 잊지 말아야 한다.

사지 않는 생활에 익숙해져보길 바란다. 무언가를 사지 않고도 행복할 수 있다. 돈을 쓰지 않고도 행복할 수 있다. 그 행복은 후회도 없다. 무언가를 사지 않아도 일상이 채워지는 느낌이 든다.

✖ 버리는 것도 훈련이다

버리는 습관을 갖자. 버리기는 곧 '절약'이다. 버리기를 통해 지난 쇼핑에 대해 스스로 피드백을 해보는 시간을 갖게 된다. 그때 그 소비가 나에게 진짜로 필요한 소비였는지, 아니면 낭비였는지를 구분해보는 것이다. 버리기를 하다보면 버리는 수고와 아까움 때문에 더 이상 생각 없이 물건을 사지 않게 된다. 지난 소비에서 배워야 한다. 그때 안 사도 되었다는 것을 말이다.

사지 않는 생활에 익숙해지려면 우선은 삶을 비우고 정돈해 보는 것이 먼저다. 내 삶이 정돈되면 나의 필요가 분명하게 드러 난다. 나에게 지금 필요한 것은 봄 재킷이 아닌 하루하루 충만한 일상일 수 있다. 나의 마음을 알아줄 한 사람일 수도 있고, 일상 을 힘있게 채워줄 나의 열정일 수도 있다. 겉으로 드러난, 필요 해보이는 '가짜 필요'가 아닌 나의 내면의 '진짜 필요'를 살펴보는 시간을 갖는 것이다. 지금 잠깐의 달콤한 유혹에 돈을 허비하지 말고 건강한 진짜 행복을 위해 저축하고 투자해보자.

나 또한 채워도 채워지지 않는 밑빠진 독에 물을 붓듯, 참 많 은 시간과 돈을 허비하며 지냈다. 하지만 이제는 알았다. 그동안 내가 나의 진짜 필요를 알아차리지 못했다는 것을 말이다. 배고 플 때 마시는 초코우유처럼 쇼핑은 늘 즉각적인 만족을 주었지 만, 그 끝은 후회일 때가 많았다. 쇼핑이 공허한 마음까진 채워 주지 못했다.

이제야 삶이 정돈되니 진짜 필요가 보이기 시작했다. 나를 알 아가고 성장해가는 기쁨에 투자하는 것의 행복도 알게 되었다. 돈을 쓸 때도 행복하고 돈을 안 쓸 때도 행복하니 인생 전체가 행복하다. 오늘도 '있음'에 만족한 하루가 행복하다.

기승전 '소비'로
말하지 않는다

3

　며칠만 참으면 월급날이다. 이것저것 빠지고 카드값을 메꾸고 나면 이번에도 아슬아슬하게 마이너스는 면했다. 이제 카드값 좀 줄여야지 굳게 마음 먹는다. 카드를 아예 없애자니 이런저런 혜택이 아깝고, 일단은 예산 범위 내에서 써보리라 다짐한다.

　'지난달엔 겨울 옷을 좀 사서 그렇지 이번 달에는 옷은 안 사도 되니 괜찮을 거야.'

　이번달에는 잘 아껴썼다 싶을 그때 마음 속에서 한 가지 생각이 슬슬 떠오르기 시작한다.

　'뭐 좀 살 거 없나?'

　그렇다. 우리는 돈이 없다 하면서 실상은 늘 돈 쓸 궁리를 하며 산다. 돈이 들어오면 얼마 지나지 않아 사치를 시작한다. 대단한 사치도 아니다. 몇만 원씩 줄줄 새기 시작한다. 진짜 필요해서 뿐만 아니라 배고파서, 심심해서, 힘들어서, 우울해서 등의 갖가지 이유들로 돈 쓸 곳을 찾아다닌다. 돈을 쓰고나면 잠깐의 만족과 다른 사람들의 이목을 얻는 데 성공하지만 또 다른 고통이 밀려온다. 그나마 모아둔 돈은 날름날름 사라져 가고, 돈을 벌지만 항상 돈이 없는 이상한 현실. 끝없이 월급 지옥으로 말려 들어간다.

✖ 소비에도 원칙이 필요하다

이 원칙은 어렵고 거창한 것이 아니다. 그것은 바로 내 수입에 근거한 지출, 분수에 맞는 지출을 하는 것이다. 다시 말해 내가 버는 돈보다 적게 쓰는 것, 이 간단한 원칙이 나의 돈을 지켜준다. 당연한 원칙이지만 두루뭉술 쓰고 남는 돈을 저축하려면 돈은 절대 모이지 않는다. 우선 월급에서 필수비용을 제외한 후 내가 지출할 수 있는 금액의 한계를 정해두는 것이 중요하다.

소비에는 두 가지 종류가 있다. 생필품과 사치품이다. 사치품은 곧 편리함이기도 하다. 이것을 구분할 줄 아는 작은 것에서부터 '부'가 시작된다. 꼭 필요한 무언가, 없으면 안 될 것 같은 어떤 것에 안달이 나 있다가도 그 순간이 지나고 나면 그 마음이 사그라들었던 적이 있지 않은가? 진짜 나를 위해 필요한 소비인지, 아니면 남에게 보여주기 위한 또는 잠깐의 편리함을 위한 소비인지를 구분해야 한다. 이렇게 구분해 보면 그동안 내가 열심히 일하고 번 돈을 사치와 편리함을 위해 얼마나 많이 써버리고 있었는지를 깨닫게 될 것이다. 우리는 대부분의 돈을 꼭 필요하지 않은 것들을 사고, 그 돈을 메꾸기 위해 또 열심히 돈을 벌며 산다.

배고픔에도 가짜 배고픔이 있듯이 소비에도 가짜 소비가 있다. 나의 공허함, 심심함, 외로움 등이 소비가 되지 않도록 마인드 관리 또한 필수이다. 회사에서 일 하기 싫을 때, 왠지 모르게 꿀꿀한 날, 일상이 만족되지 않고 공허할 때 우리는 자연스럽게 무언가를 소비한다. 잠시나마 만족과 위안을 얻는 것 같지만 그야말로 잠깐일 뿐이다. 오늘도 돈 쓸 궁리를 하고 있다면 내 마음부터 돌아봐야 한다. 감정을 관리하고 일상이 탄탄해지면 돈 관리도 수월해진다.

마인드 관리 일환으로 보상 심리도 주의해야 한다. 하나 절약하고 나면, 그에 대한 보상심리, 안도감으로 다른 곳에서 더 큰 돈을 지불하는 것이다. 절약했으니 이 정도는 쓸 수 있다는 면죄부도 생기니 마음도 좀 편해진다. 하지만 문제는 결국 돈은 쓴다는 것, 아니 더 쓴다는 것이다. 누구를 위해 절약하는 것이 아니라 나를 위해 절약하고 절제하는 것임을 알아야 한다. 그러면 내가 절약과 절제를 지속할 수 있다. 나를 속이지 않고 말이다.

나를 위해 모아가는 즐거움, 쌓이는 뿌듯함을 누려보자. 잠깐만 겉으로 보이는 것, 즉각적인 보상에 집중하는 것을 멈춰보자. 매 순간의 허세와 사치가 모여 하루가 되고 한 달이 되며 한 해가 된다. 이렇게 쌓인 내 인생은 탄탄한 부와는 거리가 멀 수밖에 없다.

✕ 돈 모으는 재미, 목돈이 주는 든든함

"차장님~, 저 입사 후 4년간 현금 1억 원 모았어요~. 저 잘했죠?"

어느날 후배 J가 나에게 다가와 조용히 자랑한다. 아무한테나 자랑은 못 하겠고 나는 완전히 자기편이라 생각했던 모양이다. 어차피 야근하느라 돈 쓸 시간이 없기도 했고, 불필요한 지출을 줄여 차곡차곡 모았단다. 그렇다고 엄청난 절약정신으로 못 먹고 못 입고 지낸 것도 아니다. 그저 소비 범위 내에서 쓸 때는 잘 쓰고 나머지는 잘 모았을 뿐인데, 30대를 1억 원의 종잣돈을 가지고 시작하게 된 것이다. 1억 원이 많고 적고를 떠나, 어린 나이에 돈을 모을 줄 아는 소비 패턴, 부자 루틴을 갖게된 것이 포인트이다.

내 수입에 근거한 지출 원칙을 세우고 그에 따라 절약하고 저축하는 사람이 되어야 한다. 진짜 절약을 내 삶의 루틴으로 만들려면 훈련의 시간은 필수이다. 절약과 절제 습관을 기르는 수고로움 또한 감내해야 한다. 돈을 써버리면 없어지지만 절제하면 쌓인다. 아무리 적은 돈도 다 써버리고 빚까지 지면 남는 것 없이 이자까지 뱉어내야 하지만, 차곡차곡 모아두면 적은 이자라도 붙는다. 그 차이는 처음에는 별것 아닌 것 같지만, 점점 더 크게 벌어질 것이다.

20대, 30대에 진짜 소비가 무엇인지 깨닫고 줄줄 새는 곳을 잘 막아낸다면 부자 루틴은 점점 더 탄탄해지고 통장은 차곡차곡 그 크기를 키워갈 것이다. 내가 준비되었을 때, 기회가 다가왔을 때 그 돈은 나에게 날개를 달아줄 것이다.

　무작정 돈을 쓰지 말라는 것이 아니다. 아무것도 하지 말고 통장에 돈을 꽁꽁 묶어두라는 것도 아니다. 우선 자기 수입의 범위 내에서 소비하고, 불필요한, 남에게 보여주기 위한, 잠깐의 만족을 위한 가짜 소비부터 줄이자는 것이다. 절약한 돈이 쌓이면 그 돈이 나를 위해 일하기 시작한다. 잘 모으는 것, 이것은 단순한 절약이 아니다. 더 나은 미래를 위한 투자라는 것을 명심하자.

숨은 돈을 찾아내는
돈 관리 루틴

어느 날 후배 P의 집에 초대받아 갔다. 집에 들어가는 순간 깔끔하고 정갈하게 꾸며진 공간에 감탄사가 절로 나왔다.

"와~."

혼자 사는 작은 공간이지만 필요한 것은 딱 갖추어진 간결함이 돋보이는 그녀의 집은 어느 살림 고수의 집을 보는 듯했다. 후배는 지난 일본여행에서 스키야키 소스를 사왔다며 직접 요리를 해서 대접해주었다.

"와, 다시 보인다. P대리~"

나는 계속 감탄했다. 소박하고 정돈된 P의 생활 방식은 그녀의 공간에 그대로 드러났다. 나의 무한 칭찬에 후배는 그 비결을 이렇게 말했다. 불필요한 소비는 줄이고 필요한 것은 계획적으로 한 번 살 때 좋은 걸로 하나씩 마련한다고 말이다. 그리고 무엇보다 정리정돈에 진심이라고 말했다. 그런 후배의 생활 속에서 나는 그녀의 철저한 돈 관리 루틴을 엿볼 수 있었다.

어떻게 하면 P처럼 필요한 것은 현명하게 소비하면서 돈도 야무지게 잘 모아갈 수 있을까? 지금부터 숨은 돈을 찾아내는 돈 관리 루틴을 알아보자.

✕ 깨어있는 돈 관리 루틴 만들기

아침에는 하루의 예산을 검토하고 필요한 지출을 계획하는 것으로 시작한다. 계획이 먼저다. 이렇게 하면 하루 동안 예상치 못한 지출을 줄이고, 꼭 필요한 부분에만 돈을 쓸 수 있다. 예산 검토는 하루를 효율적으로 시작하게 해주며, 재정 상태를 항상 인식하고 점검할 수 있게 해준다. 미리 하루의 지출을 계획하는 습관은 충동적인 구매를 막고, 불필요한 소비를 줄이는 데 큰 도움이 된다. 매일 아침 돈에 대한 인식을 새롭게 장착하여, 꾸준히 돈을 관리할 수 있는 하루하루의 동력을 얻게 되는 시간이다.

점심시간에는 전날 저녁이나 아침에 준비한 도시락을 준비해가면 좋다. 외식 대신 집에서 만든 음식을 먹으면 식비를 크게 절약할 수 있을 뿐 아니라, 건강도 주도적으로 챙길 수 있는 장점이 있다. 하지만 현실은 점심시간도 업무의 연속일 때가 많다. 일부러 저렴한 음식점만 찾아다닐 필요는 없지만 점심 식사 비용도 관리할 대상으로 넣어둔다면 불필요하게 과한 식사는 피할 수 있다.

점심시간을 활용해 오전 중의 지출을 가계부에 기록하는 것도 좋은 루틴이다. 하루 동안의 지출을 실시간으로 관리하면 소비를 더 잘 통제할 수 있다. 가계부 작성은 지출 내역을 명확히 파악하게 해주며, 불필요한 지출을 줄이는 데 효과적이다. 무엇보다 돈 쓰는 것에 깨어있게 된다.

주말 저녁에는 일주일 동안의 지출을 리뷰하고, 다음 주의 예산을 조정하는 시간을 갖는다. 지난 한 주의 소비 패턴을 분석하고 개선할 점을 찾는 시간이 필요하다. 이를 통해 더 나은 소비 습관을 만들어갈 수 있다. 매주 소비 습관을 정비하고 조정하는 시간은 돈 관리를 주 단위로 새롭게 정비하고 세팅하게 해주는 중요한 루틴이다.

또한 주말에는 일주일치 식재료를 구매하고 식단을 계획하는 시간 또한 필요하다. 식재료를 한꺼번에 구매하면 비용을 절약할 수 있고, 계획된 식단으로 불필요한 외식을 줄이고 건강한 식습관을 유지하는 데도 도움이 된다. 또 매 끼니 무얼 먹을지 고민하는 시간과 노력을 줄여준다. 준비된 식재료가 있으면 충동적으로 배달음식을 시키거나 외식을 하는 횟수도 줄일 수 있다. 평상시 먹을 간식도 미리 준비해두면 커피숍이나 편의점, 빵집에서 불필요한 지출을 줄일 수 있다는 장점도 있다. 가방에 약간의 간식을 싸가지고 다니면 나쁜 음식의 유혹에도 한결 견디기 쉬워진다. 돈과 건강을 잘 관리하고 시간도 절약해주는 최고의 루틴이다. 요즘에는 '밀프랩'이라는 주제로 일주일치 식재료와 식단을 미리 준비해두는 콘텐츠도 많으니 참고해보길 바란다.

✖ 월/분기/반기 재정리뷰로 한 해를 여러 번 사는 법

월말에는 저축 및 투자 계획을 검토하고 필요한 조정을 한다. 저축 금액을 늘리거나 투자 포트폴리오를 재조정하여 자산을 효율적으로 관리한다. 이는 장기적인 재정 목표를 달성하는 데 중요한 과정이다. 매달 한 번씩 자신의 재정 상태를 점검하고 조정하는 것은 자산을 꾸준히 늘리는 데 필수적이다. 돈을 벌고 모으는 것만큼 잘 관리하고 불려나가는 것도 중요하다. 한 달에 한 번씩 꾸준하고 정기적으로 재정 상태에 관심을 가지는 것부터 시작해보자.

그리고 매달 한 번씩 주변 공간을 정돈한다. 정리정돈은 돈 관리에 아주 중요하다. 특히 한 달에 한 번씩 옷장을 정리해보자. 이것은 충동 구매를 줄이고 필요한 옷만 구매하도록 돕는다. 사놓고 안 입는 옷, 있는지도 몰랐던 옷 등 대부분 사람들의 옷장은 차고 넘친다. 이것은 사실 옷만의 문제는 아니다. 생필품, 식료품 등 사놓고 쌓아두기만 한 것들을 먼저 파악하고 활용해야 사고 사고 또 사는 쇼핑의 굴레에서 벗어날 수 있다. 뭐가 있는지 알아야 소비가 멈춰진다. 그로 인해 줄어든 소비와 한결 넓어지고 정돈된 공간은 비로소 돈을 쌓는 선순환으로 이어지는 것이다.

매달 재정 상태를 리뷰하고 공간을 정돈하는 것만으로도 한 해를 12번 쪼개서 새롭게 시작하는 효과를 준다. 새해를 기다릴 필요도 없고, 이번 해는 망했다며 나머지 달을 버리지 않아도 된다. 매달 새롭게 시작하면 된다.

분기마다는 공과금 및 고정 지출 항목을 검토한다. 불필요한 고정 지출이 있는지 확인하고 절약할 수 있는 방법을 찾아본다. 이를 통해 고정비를 줄이고 더 많은 금액을 저축할 수 있다. 고정 지출을 체계적으로 관리하는 것은 장기적인 재정 건강을 유지하는 데 중요한 역할을 한다. 월 구독 서비스, 휴대폰 요금 등 무심결에 고정적으로 새어 나가는 비용을 체크하고 고정지출 중 줄일 수 있는 부분을 확인하는 것은 작은 관심에서 시작한다. 분기마다 한 번씩 새는 곳을 점검하자.

반기마다 장기 재정 목표를 설정하고 리뷰한다. 목표를 다시 설정하거나 달성 상황을 점검하여 지속적으로 자산을 관리하고 증가시킨다. 정기적으로 자신의 목표를 검토하고 조정하는 습관은 경제적 자유를 향한 길을 더 견고하게 만들어준다. 반기마다, 그리고 매년 이렇게 자신의 자산을 점검하고 더 나은 방향으로 바꿔가는 것은 지속적으로 내가 돈 관리를 하게 해주는 큰 뼈대가 되어준다. 루틴이 되어있지 않으면 1년에 한 번조차 나의 재정 상태를 들여다보지 않는 경우도 많다. 상반기, 하반기

결산을 통해 관리하자.

이와 같은 루틴들을 시간대별, 시기별로 실천하면, 일상 속에서 자연스럽게 소비를 줄이고 자산을 늘려갈 수 있다. 중요한 것은 꾸준히 실천하고, 필요에 따라 루틴을 조정하는 것이다. 이러한 체계적인 돈 관리 루틴을 통해 누구나 경제적 자유를 향해 나아갈 수 있다. 소비를 통제하고 자산을 효율적으로 관리하는 습관은 자신감을 키우고, 삶의 질을 높이는 데 큰 도움이 된다.

부자가 되고 싶다면 내가 가진 돈부터 관심을 갖고 잘 보살펴야 한다. 작은 돈을 관리할 줄 알아야 큰 부자가 될 수 있다. 오늘도 나는 부자가 되는 연습 중이라고 생각하고 하루하루 돈과 친해져보자. 좀 더 촘촘하고 세심하게 나의 돈을 관리하자.

내가 찾은 최고의 자산,
바로 '나'!

5

윤여정 배우가 어느 TV 예능에 나와 한 말이다. 당연한 이야
기지만 윤여정 배우도 67살은 처음이라는 것이다. 살면서 죽을
때까지 맞닥뜨리는 그 모든 순간이 누구나 각자의 인생에서 처
음이라는 것이 새삼 마음에 와닿았다.

우리 모두 마찬가지다. 누구나 매일 매순간이 처음이다. 나
또한 매일 나의 의지와 상관없이 빵빵 터지는 일들 속에 무력감
을 느끼며 계획이란 것이 무슨 의미일까 자포자기 상태로 살아
간 날들이 있었다. 하루하루 그 불확실성에 휘둘리며 사는 것이

괴로워 '제발 아무 일도 일어나지 않는 하루'을 손꼽아 기다렸다. 그리고 최소한의 역량으로 쥐 죽은 듯 티 안나게 살아내려 애썼다.

하지만 그저 아무일 없이 무사히 살아내는 것만으로는 절대 행복할 수 없었다. 아무런 성취감도 만족도 느낄 수 없었다. 내가 가진 역량을 최소한으로 발휘하며 이리저리 몸을 사려봐도 에너지가 충전되기는커녕 갈수록 방전만 되었다. 그리고 가장 괴로운 것은 인생이 달라질 기미가 보이지 않는다는 것이었다.

✖ 자기확신의 힘

무언가 강력한 전환점이 필요했다. 언제까지 삶의 주도권을 남에게 내어준 채, 아무 일도 일어나지 않는 조용한 하루를 기다리며 있는 듯 없는 듯 살 수는 없었다. 매일 매일이 처음인 삶을 내가 주도적으로 내가 살고 싶은 삶의 모양으로 만들어가고 싶었다. 그리고 내 삶 전체를 지금과는 다른 새로운 차원으로 끌어올려보고 싶었다. 완전히 다른 수준의 삶으로 인생으로 한 번 바꿔보고 싶었다. 그리고는 그때의 나로서는 가당치도 않아서 꿈도 못 꾸어봤던 그런 삶을 살아보리라 마음 먹었다. 돌아보니 그 결단이 인생의 전환점이 되었다.

지금까지와는 완전히 다른 새로운 차원의 삶으로 바꿔보겠다고 결단하면 바로 현실과의 괴리감에 부딪힌다. '내가? 내가 그런 수준의 삶을 살 수 있다고? 나보다 잘나 보이는 저 사람들도 다 참고 견디며 사는데? 나는 사실 이렇게 허점 투성이인데.'하고 말이다. 나 조차도 믿어지지 않는 그런 삶을 과연 내가 살 수 있을까 싶다.

하지만 내가 완전히 다른 수준의 삶을 살기로 결정했다면 가장 먼저 통제할 것이 이런 나의 내면의 소리, 나의 마음이다. 내가 통제할 수 있는 유일한 것은 나의 마음이다. 새로운 인생을 살겠다는 결단과 함께 그러한 인생을 살 수 있다는 믿음으로 나의 마음을 단단히 지켜나가는 것이 중요하다. 결국 나부터 나 자신을 믿는 것, 자기 확신이 핵심이다.

| 결단 | 자기 확신
(자기 정체성, 셀프이미지) | 실천 | 결과 |

나에 대한 믿음이 흔들리고 나 스스로 의심이 생기면 아무것도 하지 못한다. 스스로를 바라보는 나의 관점부터 새롭게 재정비해야 한다. 내가 새로운 인생을 살기로 결심한 지금 이 순간부터는 나의 성공을 지지해 줄 기억만 남겨놓자. 그리고 나를 누구보다 격하게 격려하고 칭찬해주며 자신감을 채워가보자.

자신에 대한 확신을 갖기 위해 내 인생의 성공 기억을 떠올려보자. 과거의 작은 성공 경험을 자기 확신의 작은 기둥으로 활용해보는 것이다. 아주 소소한 나만 아는 나의 성공 경험들을 적어 보고 나를 인정해주고 기대해주는 것이다.

자기 확신은 과거의 경험에서뿐만 아니라 미래 내가 되고 싶은 모습을 적극적이고 생생하게 상상해 봄으로써 만들어 나갈 수 있다. 자기 정체성을 내가 원하는 미래의 나의 모습으로 바꾸는 것이다. 내가 되고 싶은 모습을 생생히 그려보고 미래의 나에게 직함을 붙여보자. 아무것도 없던 시절부터 나는 스스로를 '세계 최고 건강루틴 전문가'로 불렀다. 직함이 생기니 나 스스로 셀프 이미지가 명확하게 그려졌다. 스스로 자기 정체성을 새롭게 정의하고 셀프 이미지를 바꿔가는 것, 미래의 나로 현재를 살아가는 비결이다.

✖ 내가 나를 믿어준다는 것

믿는 구석이 있으면 자신감이 넘친다. 그런 사람은 항상 여유가 있고 또 강하다. 단단하다. 그런 자신감이 있다면 무엇이든 할 수 있다. 그 믿는 구석이 '나'여야 한다. 혼자 힘으로 살아가라는 것이 아니다. 나부터 나를 믿는 믿음으로 견고해지는 것이 우선이다. 어떤 상황에도 흔들리지 않고 나를 믿어주는 존재, 내가 있다는 것은 큰 힘이 된다.

내가 중심이 된 삶이 아닌 다른 사람의 말과 주변 환경을 의식하는 삶을 살면 나는 항상 그것들에 끌려다니게 된다. 나를 믿고 내가 중심이 된 삶을 살아야 주변 상황에 휘둘리지 않는다. 실수를 하고, 어려움이 닥쳐도 나 스스로 해결책을 찾고 헤어나올 힘이 생기는 것이다.

각자의 가능성을 가장 잘 알아보고 잘 성장시켜주어야 하는 사람은 결국 자기 자신이다. 모든 현실은 내 마음에서부터 만들어진다. 나를 믿어주고 나의 가능성을 응원해주면 꿈꾸던 미래가 나의 현실이 될 것이다. 나를 믿어주자. 나를 훨씬 더 크게 멋지게 바라보고 믿어주는 것. 여태까지 나를 과소평가해 괴로운 환경 속에 그냥 방치해 둔 채 살았다면 지금부터라도 나를 믿어주자.

나를 좋게 느끼는 것. 나를 격려해주고 존중해 주는 것. 나를 믿어 주는 것. 이것은 인생의 기본이다. 나라는 사람을 진정으로 가치있게 여겨주고 가능성을 바라봐주고 그 성장 여정을 함께한다면 그저 아무 일도 일어나지 않는 하루를 꿈꾸는 삶과는 완전히 다른 삶을 살게 될 수밖에 없다.

✖ 내 삶의 최고의 자산은 바로 '나'다

언제나 내 편, 나의 행복을 그 누구보다 빌어주고 끊임없이 격려해주고 지지해줄 사람은 그 누구도 아닌 바로 나다. 나라는 자산을 귀하게 여기면 귀한 보석이 되어 돌아올 것이다.

나의 정체성을 바꾸고, 자신에 대한 믿음을 갖고, 그날그날 작은 행동으로 하루를 채워가자. 그 하루하루가 반복되면 나는 성장하게 된다. 성장할 수밖에 없다. 사람은 믿고 생각하는대로 달라질 수 있다. 내가 믿는 나, 나에 대한 확신을 실천에 옮기면 결과는 달라질 수밖에 없다. 확신과 실행이 쌓이면 내 꿈과 가까워진다. 오늘이라는 하루는 나의 꿈이 현실이 되는 과정인 것이다.

오늘도 나는 나를 믿는다. 그리고 나의 꿈에 한 걸음 더 가까이 나아가기 위한 실행을 더해간다. 세계 최고의 건강루틴 전문가의 10년 전 하루가 오늘이 되도록 말이다.

돈, 누구와 함께
벌 것인가

6

몇 해 전부터 나는 건강에 대해 관심을 갖고 공부하기 시작했다. 이는 이전의 공부와 달랐다. 이전의 공부는 해야하는 의무감으로 한 공부였다면 이번 공부는 스스로 하고 싶고 필요해서 한 공부였다. 공부하라고 압박하는 사람도 없고 아무도 닦달하지 않았지만 내가 재밌어서 더 알고 싶고 더 잘하고 싶어서 한 진짜 공부였다. 인생 처음으로 자발적으로 시작한 진정한 공부였다. 그렇게 처음에는 막막했지만, 점차 다양한 건강 서적과 영상 자료들을 섭렵하며 지식을 쌓아갔다.

그러던 중 매주 참석하는 독서모임 '타이탄 북클럽'에서 건강 특강 기회가 생겼다. 여태껏 쌓아온 건강 지식을 정리하고 준비해 첫 강의를 무사히 마칠 수 있었고, 그 발표를 계기로 건강에

대해 함께 알아가고 실천해가고 싶은 멤버들과 커뮤니티를 만들
게 되었다. 건강정보를 공유하며 커뮤니티를 이끌던 나는 이후
'루틴핏 다이어트'라는 이름으로 다이어트 프로그램을 진행하게
되었다. 공부하면서 알게 된 지식과 여러 해법들을 공유하며 실
천할 수 있도록 도와드리니, 적게는 4~5킬로그램에서 많게는 25
킬로그램 이상 감량하신 분들까지 좋은 사례들이 쌓이기 시작했
다.

✖ 관계를 우선으로 한 내공 쌓기

무료 건강 강의를 하기도 하고, 건강독서 모임을 운영하기도
했다. 그렇게 나는 내공을 쌓아갔다. 그때 쌓은 실력은 건강 관
련 지식뿐만이 아니었다. 커뮤니티를 운영하는 노하우, 정보를
전달하는 방식, 줌 회의를 개설하고 모임을 진행하는 방법, 구글
신청서를 받고 사람을 모으는 방법, 카드 뉴스나 홍보물을 만드
는 방법, 공동 구매 노하우 등 커뮤니티 운영 전반의 기초 역량
을 키울 수 있었다.

결국 이러한 커뮤니티 운영 경험은 나의 퇴사를 위한 좋은 밑
바탕이 되었다. 나를 지지해주고 나와 함께해주던 멤버들은 나
의 이야기를 믿고 따라주는 팬이 되어주었고, 나는 그분들에게
마음껏 나의 역량을 나눌 수 있게 되었다. 나 또한 내가 가진 것
을 나누기 위해 더 많이 발전하고 노력해야 하는 선순환 구조가

되었다.

이처럼 성장하기 위해서는 커뮤니티를 잘 활용해야한다. 커뮤니티 활동을 통해 얻을 수 있는 구체적인 이익은 다양하다. 우선 커뮤니티 활동을 통해 지식과 정보를 공유하면서 최신 트렌드를 잘 따라갈 수 있다는 것이 가장 큰 장점이다. 또한 다양한 배경과 경험을 가진 사람들과의 교류를 통해 시야를 넓히고 창의적인 아이디어를 얻을 수도 있다. 또 그들과 인적 네트워크를 만들어갈 수도 있다.

그리고 나의 경우에서도 그랬듯이 커뮤니티 내에서 리더십과 운영 능력을 키울 수 있으며, 이는 개인의 리더십 역량을 강화하는 데 도움이 된다. 또 커뮤니티의 신뢰와 지지를 바탕으로 자신의 브랜드를 구축하고, 이를 통해 경제적 기회를 창출할 수 있는 점도 퍼스널 브랜딩 시대에 커뮤니티를 잘 활용해야하는 결정적 이유로 작용한다.

❌ 성장할 수밖에 없는 환경 설정

커뮤니티 활동은 개인의 성장과 함께 경제적 자유를 위한 중요한 루틴이 될 수 있다. 이처럼 생산적인 커뮤니티는 개인이 지속적으로 발전하고, 새로운 기회를 만들어가는 데 있어 필수적인 기반이 되어준다.

요즘에는 무료 커뮤니티도 많다. 무료 커뮤니티는 비용 부담

없이 다양한 사람들과 교류할 수 있는 장점이 있다. 또 관심있는 새로운 분야에 대해 부담없이 알아가기에도 제격이다.

하지만 좀 더 전문적이고 체계적인 학습을 위해 필요하다면 유료 커뮤니티를 활용하는 것도 추천한다. 돈을 내면 억지로라도 하게 된다. 어느 정도의 강제성과 관리, 콘텐츠의 질을 감안할 때 유료 커뮤니티에 투자하는 것은 개인의 성장과 성공을 위한 현명한 선택이 될 수 있다. 비용을 지불한 회원들은 좀 더 적극적으로 참여하게 되어 자신의 역량을 극대화하고 목표를 달성할 수 있는 기회를 얻게 되는 것이다. 하고 싶은 것이 있다면 비용을 지불하고서라도 적극적으로 참여해보길 바란다. 단순히 참여자로서가 아니라 그곳에서 커뮤니티 운영 전반에 대한 프로세스를 배우고 좋은 사람들을 만나라. 그래서 온전히 내 것으로 만들어보는 것이다.

✖ 커뮤니티 리더로서의 성장

스스로 커뮤니티를 운영해 보아도 좋다. 함께할 커뮤니티가 없거나 마음에 맞는 사람들을 직접 모아보고 싶다면 내가 리더가 되어 운영해보는 것도 추천한다. 나 혼자만을 위해 공부할 때보다 다른 사람에게 도움을 줄 수 있게 공부하는 것은 차원이 다르다. 내가 건강특강을 위해 준비한 그 강의가 나의 탄탄한 기본기가 되어주었던 것처럼 내가 아닌 다른 사람에게 알려주기 위한 공부 과정은 더 정교하고 공이 들어간다. 어떤 것을 설명하고 설득시키기 위한 공부는 그 힘이 세다. 그렇게 한 공부는 온전히 내 것으로 남는다. 결국 가장 이득을 보는 것은 바로 '나'다.

나 역시도 건강 커뮤니티를 운영하면서 다른 사람에게 도움을 주기 위해 더 철저히 공부하게 되었고 그것을 설명하고 전달하는 과정에서 진짜 배움을 얻게 되었다. 그리고 그렇게 만난 사람들과 좋은 유대관계 속에 소통하고 협력하며 나의 사업을 확장시키는 계기가 되었다. 선한 목표로 커뮤니티를 만들고 운영하는 과정이 결국 돈 버는 기회로 이어지게 되었고 그 동안 커뮤니티를 운영하며 쌓은 리더십과 세세한 운영기법들은 사업의 탄탄한 기본기가 되었다.

요즘에는 마케팅의 주요 단계에 커뮤니티 운영이 필수로 들어간다. 커뮤니티는 찐팬들의 소통의 장이 되기도 하고 관심 정보 제공뿐만 아니라 운영자가 판매하는 상품 구매로 자연스럽게 이어지기도 한다. 오랜시간 쌓인 신뢰와 영향력이 매출로 이어져 든든한 사업의 기반이 되어주는 것이다.

회사를 다니건 다니지 않건 커뮤니티를 잘 활용해 보길 바란다. 커뮤니티는 예전의 수동적인 배움의 방식과는 다르다. 내가 찾아서 혹은 내가 만들어서 주도적으로 배우고 성장하는 곳이기 때문이다. 특히 퇴사가 목적이라면 커뮤니티 운영을 통해 리더십을 갈고 닦으면서 나의 역량뿐만 아니라 영향력을 키워나가는 것이 필수다.

혼자서 성장하는 시대는 끝났다. 새롭게 공부해보고 싶은 분야가 있는가? 시도해보고 싶은 일이 있는가? 커뮤니티라는 무료 창업 인큐베이터를 적극 활용해보자. 그것은 험난한 시장에서 내가 단단하게 살아남을 수 있도록 나를 성장시키고 검증해 줄 것이다. 그리고 나의 든든한 사업 밑천이 되어줄 것이다.

돈 걱정 없이 술술
돈이 들어오는 하루 부자루틴

7

"세연이 니는 한 달에 얼마 정도 버나?"

어느날 친척 어른이 훅하고 던진 질문에 나는 당황했다. 사실 번 듯한 직장에 다니고는 있었지만 많이 벌지는 않았다. 언론에서는 성과급 파티니 신의 직장이니 떠들어대지만 몇몇 공기업을 제외하고는 정작 월급이 생각보다 많지 않기 때문이다. 이리저리 둘러댈 틈도 없이 훅 들어온 질문에 그냥 솔직히 답하니 살짝 놀라는 눈치셨다. 그리고 이어진 친척분의 한마디에 힘이 빠졌다.

"그래. 여자가 그 정도 벌면 됐다."

내가 힘이 빠진 이유는 정작 그 친척분은 사업을 해서 돈을 잘 버는 분이셨기 때문이다. 때 되면 최신 외제차를 바꿔타고 사업은 자녀세대로 이어져 자녀들도 잘 벌고 잘 쓰며 살았다.

'본인은 그렇게 누리고 행복하게 살면서 나더러는 여기에 만족하며 살라고?' (친척분의 의도는 절대 그런 것이 아니었겠지만) 괜한 자격지심과 이유 모를 원망이 올라왔다. 당시에도 나는 회사를 다니며 퇴사를 준비하던 중이었는데 그 일을 계기로 한 번 더 다짐했다.

'나도 내 사업을 할거야.'

사업을 하고 싶다 정도의 수준이 아니라 꼭 사업을 할 거라 다짐하면 보이는 것이 달라지기 시작한다. 매일 뜨는 유튜브 추천영상도 하나 둘씩 바뀌기 시작한다. 얼마나 많은 사람들이 돈에 대해, 사업에 대해, 마케팅에 대해 공부하는지 이제야 그 세상이 보이기 시작한다. 그리고 진짜 사업가가 되기 위한 준비가 시작된다.

✕ 나의 지식과 경험을 돈으로

요즘에는 큰돈을 투자하지 않고도 시도해 볼 것들이 많이 있다. 내가 가진 지식과 경험을 제공하고 대가를 받는 메신저 산업이 그것이다. 아무것도 특별할 것 없는 나도 누군가에게 조언을 줄 수 있는 나만의 콘텐츠는 있다. 분명 나와 같은 길을 걷는 사람 중에 내가 도와줄 수 있는 사람은 있다. 나의 경험과 지식이 든든한 사업 밑천이 되어주는 것이다. 지금 무언가를 새로 시도한다면 그 과정 역시 콘텐츠가 되어 파이프라인이 되어줄 수 있다. 문제는 내 시야가 메신저 단계까지 닿아 있느냐 아니냐이다.

메신저 산업에 대해 이해하게 되면 무엇을 하든 한 단계 높게 생각할 수 있게 된다. 예를 들어 맛집 블로그 체험단을 하며 맛있는 음식도 먹으며 생활비도 아끼고 싶다고 치자. 블로그 글을 올리는 것에 만족하면 딱 그 만큼만 벌 수(누릴 수) 있다. 하지만 메신저로서 내가 누군가에게 도움을 줄 수 있다고 생각하면 블로그 체험단을 시도하고 배워가는 과정을 잘 기록하고 정리함으로써 또 다른 수입을 올릴 수 있다. 블로그 체험단으로 돈 버는 법에 대해 알아본 내용과 실제 경험을 접목해 강의를 할 수도 있고 유료자료를 만들어 팔 수도 있다.

이 단계까지 생각할 줄 알면 배우고 시도하는 단계 또한 탁월해지기 마련이다. 내가 가진 지식과 경험으로 누구를 도와줄 수 있는지, 어떻게 도울지, 내가 더 준비해야할 것은 무엇인지, 어떻게 하면 많은 사람을 모을 수 있을지 고민하게 된다.

내가 평소에 좀 더 자신 있고 관심 있는 분야, 다른 사람들이 나에게 조언을 구하는 분야, 시간 가는 줄 모르고 몰입할 수 있는 일, 해보고 싶었던 일 등 무엇이든 일단 시작해보자. 그리고 그 시작을, 내가 성장하는 과정을 잘 정리하고 체계화해나가면 된다. 그 정보와 지식을 다른 사람들이 이용할 수 있도록 상품화 시켜보자. 처음에는 무료로, 저가로 나눠주고 피드백을 받으며 점차 개선해나가고 유료로 전환해 나가면 된다.

그렇게 해서 좋은 상품이 만들어졌다면 효과적으로 홍보하는 법을 배워야 할 것이고, 가능한 많은 사람들에게 전하는 방법을 찾아야 할 것이다. 자신의 분야의 지식은 계속 쌓아가면서 동시에 마케팅 실력 또한 키워간다면 그것이 사업이 된다.

이러한 사고방식은 나의 인생을 개인적인 학습의 장이자 수많은 사람을 도울 수 있는 사업의 장으로 활용하게 한다. 누군가에게 나눠줄 생각으로 보다 적극적으로 자료를 찾고 책들을 읽고 계획적으로 더 꾸준히 공부하게 되니 나의 성장속도 또한 엄청 빨라진다. 나의 성장과 함께 다른 사람의 성장을 돕는 가치있는 일을 하게 되는 것이다. 내가 성장할수록 사업은 꼬리에 꼬리를 문다. 나와 사업의 성장 과정 하나하나가 또다른 사업의 콘텐츠가 되어주기 때문이다.

✖ 가르칠 수 있다면 사업이다

나의 문제뿐 아니라 누군가의 문제를 해결해줄 수 있다면 사업이 될 수 있다. 그 문제를 나부터 해결하고 그 과정 속에서 나의 해결책들을 잘 정리해 전달해주는 것. 그 과정을 꾸준히 인내함으로 해나가는 것. 그것이 사업을 기초부터 탄탄하게 만들어가는 비결이다.

무엇을 하든, 단순한 알바를 하더라도 내가 지금 배운 것을 어떻게 활용할지, 여기서 배워야 할 것이 무엇인지를 의식하며 하면 결과는 차원이 다르게 달라진다. 그 과정에서 그것을 배우면 된다. 그러면 그 경험은 언제든 어떻게든 써먹게 된다.

직장인 N잡이 유행이다. 겸업이 허용이 되든 안 되든 누구나 부수입을 꿈꾼다. 어떤 부수입이든 선택할 때 중요한 것은 내가 이것을 통해 더 큰 수익화 구조를 만들어 나갈 수 있는가이다. 내가 배운 것을 어떻게 나누고 활용하며 성장시켜갈지 생각하지 않으면 일회성 수입에 만족해야 한다. 그리고 성장이 아닌 그 순간 살아내기에 급급해진다.

무언가 쉬지 않고 시도는 하고 있지만 성과가 없다면, 시야를 크게 바라보길 바란다. 내가 지금 갈아넣는 이 시간들이 온전히 나의 경험과 노하우로 남아 활용되어야 한다. 그리고 그것이 최종적으로 나의 수익구조가 되어야 한다.

수익화 구조를 만들기 위해 공부하고 시도하는 그 시간들은 회사를 다니면서 충분히 감내할 수 있다. 내가 안다고 착각하는 그 수준, 그저 그 일을 해내는 수준에 안주하지 말자. 내가 지금 알아보고 시도하는 것들을 누군가에게 알려줄 수 있을 때 진짜 내 지식이 된다. 사소한 스킬도 좋다. 나만의 코칭 서비스를 만들어보자. 그리고 그것을 목표로 배우고 시도해보자.

그것이 나의 돈 버는 능력을 키우는 행동이 되어줄 것이다. 돈 버는 능력은 하루아침에 생기지 않는다. 지속적으로 관심을 갖고 계발하고 시도해나가야 한다. 천천히 차근차근 땅을 다져 성공의 길을 만들어가자. 안전하게 나의 페이스로 돈 버는 능력을 키우자.

부자가 되는
성공루틴

"돈이 많음 좋겠지만 그 정도로 부자가 되고 싶은 마음은 없어요. 딱히 돈 욕심은 없어서요."

이렇게 말하는 후배 앞에 나는 나의 부자되기 프로젝트 계획을 슬그머니 마음 속에 넣어둔다. 나도 그랬으니 그 마음이 이해가 되다가도, 한편으론 나조차 아직 부를 이룬 것도 아니지만서도 안타까운 마음도 든다. 분명 부자가 되면 정말 다른 삶을 살 수 있을 텐데 하고 말이다.

✖ 당신이 부자가 되기 싫은 이유

부자가 되기 싫은 사람들의 심리에는 여러 이유가 있다.

큰 부를 이루기 위해서는 많은 노력이 필요하고, 그 과정에서 겪을 수 있는 스트레스와 위험은 늘 있게 마련이다. 사업을 하는 과정에서 실패할 가능성 또한 항상 존재한다. 이러한 불확실성과 실패의 두려움은 많은 사람들에게 부담으로 다가온다. 차라리 현재의 안정된 상태를 유지하고 싶다는 마음이 더 커지게 된다. 큰 부를 꿈꾸기보다 적당히 돈 벌고 적당히 안정된 삶을 선호하게 되는 것이다.

또 다른 이유는 자기 효능감의 부족이다. 자기 효능감이란 자신이 목표를 달성할 수 있다는 믿음, 쉽게 말해 자신의 능력에 대한 믿음이다. 많은 사람들이 큰 부를 이루기 위한 능력이나 자질이 자신에게 부족하다고 느낀다. 과거 실패한 경험이 있거나, 주변으로부터 부정적인 피드백을 받았다면 이런 생각은 더 강화된다. 자신이 충분하지 않다고 느끼는 사람은 높은 목표를 세우기보다 현실적으로 가능한 범위 내에서 작은 성취에 만족하려 한다. 이는 자존감과도 깊은 관련이 있다.

마지막으로, 사회적 및 문화적 영향도 크다. 드러내놓고 큰 부를 추구하는 것이 자칫 탐욕스러워 보이기도 하고, 돈을 많이 벌려는 욕망을 부정적으로 평가하기도 한다. 이러한 환경에서 자란 사람들은 돈에 대한 욕망을 공개적으로 표현하는 것을 꺼리게 된다. 가족이나 친구들로부터 "돈이 전부가 아니다"라는 말을 자주 듣는다면, 돈을 많이 벌고자 하는 욕망을 억누르게 될 수 있다.

이렇듯 "그 정도로 부자가 되고 싶은 마음은 없어요."라는 말 뒤에는 불안감, 자기 효능감의 부족, 그리고 사회적 영향이 복합적으로 작용하고 있는 것이다.

✕ 부자의 의미

하지만 부자가 되는 것은 단순히 많은 돈을 갖는 것 이상의 의미를 지닌다. 부를 이루는 것은 개인의 삶의 질을 높이고, 자유와 선택의 폭을 넓히며, 자신과 주변 사람들에게 긍정적인 영향을 미칠 수 있는 중요한 목표이다. 경제적 자유를 통해 우리는 더 이상 생계만을 위해 하기 싫은 일을 하지 않아도 되고, 자신이 진정으로 열정과 흥미를 느끼는 일에 시간을 투사할 수 있다. 또한, 예상치 못한 의료비나 비상 상황에서도 걱정 없이 대처할 수 있는 진정한 삶의 여유를 갖게 되는 것이다.

모처럼 떠난 해외여행에서 회사 연차 때문에 고작 3~4일만에 돌아온 적은 없는가? 평일에도 좋아하는 사람과 좋아하는 것을 하며 여유로운 시간을 보내고 싶은가? 내가 잘하는 일, 좋아하는 일에 돈 걱정 없이 시간에 구애받지 않고 한번 제대로 몰입해 보고 싶은가? 주변에 어려운 상황에 처한 지인, 가족에게 실질적인 도움을 주고 싶은가? 사회에 선한 영향력을 미치며 공헌하는 삶을 살고 싶은가? 부모님 노후가 걱정이 되는가?

그렇다면 방법은 단 한가지, 내가 부자가 되면 된다. 부자가 되면 이 모든 것을 넉넉히 그리고 거뜬히 해낼 수 있다. 부자가 되기 싫다는 변명는 이제 저 멀리 던져버리자. 간절히 원하자. 그리고 오늘 내가 부자가 될 행동을 하나씩 쌓아가자.

✕ 행복한 부자가 되기 위한 하루 루틴

매일 아침 일찍 일어나 하루를 시작하며 행복한 부자가 되기로 선택하자. 자신의 목표를 명확하게 설정하고 리마인드하는 시간을 갖자. 이미 이룬 듯 생생하게 시각화하고 끌어당겨 보자. 그리고 그 꿈을 이루기 위한 작은 시도를 쌓아가자.

출근 전 해보고 싶고 관심 있는 분야에 대해 공부해라. 경제적 자유와 관련된 책을 읽거나, 온라인 강의를 듣고, 관련 기사를 읽는 것도 좋다. 이를 통해 새로운 지식을 습득하고 인사이트를 얻자. 이런 하루하루의 아침을 모아가자.

또한 아침시간, 하루의 일정을 예비하고 예산을 짜봄으로써 보다 안정되고 꽉 찬 하루를 보낼 수 있도록 하자. 일터에서는 현재 하는 일에서 나만의 돈 버는 내공을 쌓아가자. 자신만의 긍정적인 성공 기억을 바탕으로 오늘 하루도 자신을 격려하고 좀 더 성장할 수 있도록 지지해주자. 그리고 자신을 믿어주자. 무엇을 하든 자신감 있게 확신 있게 해나가자. 그리고 함께 성장할 사람들과 지속적으로 교류해 나가자. 혼자서는 실천을 지속하기 어렵지만 함께 하면 의무감에, 책임감에, 약간의 강제성을 더해 실천해나갈 수 있다. 그리고 최신 트렌드를 놓치지 않을 수 있다. 본인이 주도적으로 리드하는 커뮤니티를 만드는 것도 좋다. 커뮤니티 활동은 자신의 경험을 수익화시켜주어 추가 수익을 내주는 브랜딩의 기회가 될 수 있다.

출퇴근길, 출장가는 길에는 오디오, 영상 콘텐츠를 활용해 항상 성장과 발전, 성공에 깨어있자. 의식하지 않으면 의미없는 SNS와 인터넷으로 시간을 허비하기 쉽다. 그리고 그것이 불필요한 소비로 이어지기도 하고 부정적인 영향도 받게 된다. 나와 결이 맞는, 내가 가고싶은 방향으로 나의 눈과 귀를 고정시켜 놓는 것이 중요하다.

저녁에는 하루를 돌아보며 일정과 지출 등을 정리하고 하루를 피드백 하는 시간을 갖지. 그리고 하루 동안의 활동을 리뷰하고 내일의 계획을 세워보자. 이때 긍정적인 부분에 집중하고 스스로를 칭찬하며 감사하는 시간을 갖는 것이 좋다.

잠자리에 들기 전, 가벼운 책을 읽으며 마음을 안정시키자. 자기 전에 "오늘도 잘 해냈어. 난 오늘도 계속 성장하고 있어."와 같은 긍정 피드백을 반복한다. 이렇게 하면 자신감을 높이고 긍정적인 에너지를 유지할 수 있다. 그리고 규칙적인 시간에 잠자리에 든다.

✖ 오늘 하루가 모여 나의 인생이 된다.

날마다 그 하루의 질이 인생을 좌우한다. 이와 같은 루틴으로 경제적 자유를 위한 능동적인 실행을 쌓아가자. 완벽하지 않아도 좋다. 하루하루 부자가 되기 위한 루틴을 쌓아가면 일상이 더 풍성해지고 만족도가 올라간다. 하루가 뿌듯하고 자존감도 올라간다. 진짜 내가 원하는 삶을 위한 한 번의 실행이 다음 실행으로 이어지고 어제보다 나은 오늘을 만들어가는 것이다. 이 루틴의 고리를 하나씩 이어가자.

그리고 이제 다시 내 마음속 깊은 곳, 내면의 소리에 귀를 기울여보자.

"나 정말 부자가 될거야."라고 말하고 있지 않은가?

Chapter.5

파워 루틴핏 (3)
몸과 마음을 10년 젊게 하는 건강 루틴핏

먹어도 먹어도 계속 배고픈가?
: 혈당 롤러코스터

1

"오늘은 아침부터 왜 이렇게 배가 고프죠?"

아직 점심시간은 한참 남았는데 후배 K가 하는 말이다. 아침 안 먹었냐는 나의 물음에 "저 원래 아침 안먹어요."라고 대답하다가 뭔가 생각난 듯 "아, 아침에 씨리얼(큼지막한 손으로 '조금'을 강조하며) '요만큼' 집어 먹고, 회사 와서 비스킷 하나에 믹스커피 한 잔, 그리고 지금은 콤부차 한 잔 타 오는 길이네요"라고 말한다. 그러고는 본인 생각에도 민망한지 "흐흐, 저 생각보다 많이 먹었네요~"하며 웃는다.

사람들은 보통 먹은 게 없다고 착각하지만 우리는 생각보다 꽤 자주, 많이 먹는다. 그것도 대부분 설탕, 밀가루 등 정제 탄수화물을 먹는다. 다이어트에 좋다는 콤부차도 가공식품으로 나온 제품에는 당이 꽤 포함되어 있으니, 우리 입으로 들어가는 대부분은 의식하지 않으면 먹기 쉽고 맛도 있는 정제 당인 경우가 대부분이다. 그런데 문제는 계속 먹는데도 이상하게 계속 배가 고프다는 것이다.

✕ 혈당과 인슐린

하루의 컨디션과 건강, 다이어트를 이야기하려면 혈당에서부터 시작해야한다. 당뇨 진단을 받아야만 혈당에 문제가 있는 것이 아니다. 혈당은 우리 모두가 알아야 할 필수 건강 상식이자 기초다. 혈당은 당장의 배고픔과 기분뿐만 아니라, 혈액과 혈관의 건강, 대사, 호르몬, 염증 등 우리 몸 전체에 중요한 역할을 하기 때문이다.

우리는 먹는 음식으로부터 에너지를 공급받는다. 그중 포도당은 우리 몸의 주된 에너지원이다. 탄수화물이 가장 작은 단위로 분해되면 포도당이 되는데, 포도당은 혈관을 통해 세포로 이동한다. 이때 세포로 포도당을 넣어주는 역할을 하는 호르몬이 바로 인슐린이다.

식후에 혈중 포도당 농도, 즉 혈당이 크게 오르게 되면 이 혈당을 처리하기 위해 인슐린 분비가 자극된다. 분비된 인슐린이 포도당을 세포에 넣어주면 세포가 에너지를 만들어 사용하게 되고, 처리하고 남은 포도당은 글리코겐과 지방으로 저장된다. 식후에 혈당과 인슐린이 높게 치솟는 현상을 '혈당 스파이크'라 부른다. 스파이크 후에는 혈당 수치가 크게 떨어지는 '혈당 크래시'가 발생되는데, 이때 우리는 소위 '당이 딸리는' 증상을 겪게 되는 것이다. 이렇게 혈당이 치솟았다가 인슐린 작용으로 혈당이 상대적으로 크게 떨어지는 현상이 반복되는 것을 통틀어 '혈당 롤러코스터'라고 한다.

혈당 롤러코스터는 우리 건강에 많은 영향을 끼친다. 단기적으로는 음식에 대한 갈망, 끊임 없는 배고픔, 브레인포그, 만성피로, 스트레스, 면역력 저하 등의 문제로 나타난다. 이것이 장기적으로 이어지면 각종 대사질환(비만, 고혈압, 고지혈증, 당뇨 등), 여드름 등 피부질환, 노화, 염증, 장 문제, 여성의 자궁 질환 등으로 이어진다.

밥을 먹고 나면 극심한 피로가 몰려오고, 달달한 간식을 끊임없이 탐닉하는 것이 나의 의지만의 문제가 아니라 혈당의 급격한 변화에 따른 몸의 신호라는 것을 인지해야 한다. 이 혈당 롤러코스터가 반복되면 우리 몸은 식욕과 에너지의 롤러코스터 위에서 하루 종일 시달리게 된다. 우선 이 혈당 롤러코스터에서 내려와야한다.

✖ 혈당 롤러코스터를 멈춰 세워라

혈당 롤러코스터를 멈추기 위해서는 가장 먼저 혈당 스파이크부터 막아야한다. 그래야 모든 악순환의 고리를 끊고 안정을 되찾을 수 있다.

혈당 롤러코스터를 세우는 방법으로 **첫 번째는 혈당을 크게 자극하는 정제 탄수화물 피하는 것이다.** 설탕, 빵, 떡, 면, 과자, 음료수, 아이스크림 등이 대표적이다. 이러한 정제 탄수화물은 분해되고 흡수되는 데 시간이 매우 짧다. 그래서 먹고 난 후 혈당 수치가 급격하게 상승하게 되고 이는 다시 반응성 저혈당, 즉, 혈당 크래시 현상으로 이어져 피곤, 무기력, 각종 저혈당 증상들로 나타난다. 이를 막기 위해서는 혈당과 인슐린 곡선을 완만하게 만들어주는 식단 구성으로 바꾸는 것이 핵심이다. 식단에서 단맛을 빼나가고 밀가루를 끊는 것부터 시작해야한다. 그 자리를 양질의 단백질과 지방으로 채워야 한다.

그 다음으로는 식후 급격한 혈당 상승을 막기 위해 천연 사과식초를 활용해보는 것이다. 식사 20분 전에 식초 한 스푼을 물에 희석해서 마시면 음식이 포도당으로 분해되고 흡수되는 속도를 늦춰 급격한 혈당 상승을 막을 수 있다. 혈당 곡선을 완만하게 만들어주는 것이다. 식전에 잊었다면 식후라도 괜찮다. 달달한 간식이 당길 때에도 사과식초 물 한 잔이면 식욕을 조절하는데 큰 도움이 된다.

또한 급격한 혈당 상승을 막기 위해 식사 순서를 바꿔보는 것만으로도 큰 효과를 볼 수 있다. 식사를 할 때 채소를 먼저 먹고, 그 뒤에 단백질과 지방, 마지막으로 탄수화물 순으로 먹는 것이다. 그러면 채소의 섬유질이 포도당이 혈류로 이동하는 것을 막아

혈당 상승을 완만하게 만들어 준다. 또 단백질과 지방 위주의 음식은 음식물이 위에서 배출되는 속도를 늦춘다. 먼저 샐러드 위주로 시작해서 메인 반찬을 어느 정도 맛본 후에 밥을 먹는 것, 이것만으로도 혈당 곡선이 크게 오르내리는 현상을 막을 수 있다.

마지막으로는 식후에 가볍게 움직여 주는 것이다. 식후 바로 앉아서 일을 보는 것보다 잠시라도 산책을 하고 돌아오면 혈당이 급격히 오르내리면서 발생하는 브레인포그, 무기력으로부터 벗어날 수 있다. 몸을 움직여 근육을 사용하면 여분의 포도당이 근육에서 연소가 되면서 혈당 곡선을 완만하게 만드는 것이다.

왜 어떤 사람은 하루종일 편안한 에너지 속에서 업무를 잘 해내고, 왜 어떤 사람은 하루 내내 달달한 간식을 찾으며 정신이 멍하고 피곤한지 그 이유를 이제 알겠는가? 혈당 스파이크를 막는 식단을 잘 유지하게 되면, 하루종일 에너지가 안정적이고 편안하다. 다이어트와 내 몸의 회복은 저절로 따라온다. 혈당 롤러코스터에서 내려와, 잔잔한 혈당곡선을 만들게 되면 나의 에너지도 요동치지 않고 잔잔하게 유지가 된다.

좋은 에너지 수준과 체력은 좋은 태도와 성과로 이어진다. 또 삶이 가벼워진다. 그렇다면 자기관리의 시작은 체력관리, 체력관리의 시작은 혈당관리가 아닐까?

만병의 근원
: 인슐린저항성

2

    35살, 30대 중반을 넘어서자 나잇살이라는 것이 붙기 시작했다. 평생 배는 볼록했지만 전체적으로 마른 체형탓에 아무리 살쪘다고 징징대도 아무도 믿어주지 않는, 전형적인 마른비만으로 살아오던 나다. 그런 내가 팔뚝이 후덕해지기 시작했고, 부실해서 날씬해 보이기라도 했던 다리에도 점점 살이 찌기 시작했다. 어딘지 모르게 영 안 예뻐지는 얼굴은 기본이다.

    '이런걸 나잇살이라고 하는구나. 이렇게 나이들어 가는거구나.'

    그렇게 한번 찐 나잇살은 좀처럼 빠지지 않았다. 겨우겨우 저녁을 굶어보기도 하고 다이어트 식품을 사서 먹어보기도 했지만, 꿈쩍도 안 하는 몸무게를 보니 이 나잇살은 뺄 수 없는 거라고 체념하며 살았다.

　그러다 건강에 관심을 갖고 공부하기 시작하면서 '인슐린저항성'이라는 개념을 알게 된 후로 나는 그 나잇살을 원상태로, 아니 더 날씬하게 빼낼 수 있었다. 인슐린저항성을 개선해갈수록 나잇살뿐만 아니라 나이 때문이라 생각했던 몸 속 많은 증상들이 하나 둘 사라지기 시작했다.

✖ 살찌게 하는 호르몬 : 인슐린

　인슐린저항성에 대해 이해하려면 인슐린이라는 호르몬에 대해 먼저 이해해야 한다. 우리가 음식을 먹으면 탄수화물은 포도당으로 분해되어 흡수된다. 혈액 속으로 흡수된 포도당은 세포 속으로 들어가 포도당을 에너지원으로 에너지를 만들게 되는데, 이때 혈액 속 포도당을 세포로 넣어주는 역할을 하는 것이 인슐린이라는 호르몬이다. 그래서 우리가 음식을 먹어 혈액 속 포도당 농도가 증가되면, 이 포도당을 처리해주기 위한 인슐린 농도 또한 증가된다.

　또 인슐린은 세포 속으로 들어가고 남은, 당장 처리되지 못한 포도당을 나중에 사용하기 위해 근육과 간에 글리코겐으로 저장하고, 나머지 포도당을 지방으로 저장한다. 이렇게 저장된 글리코겐과 지방은 음식을 더 이상 먹지 않았을 때 다시 꺼내져 에너지원으로 사용된다.

- 음식 섭취 ⇨ 혈당 상승 ⇨ 인슐린 상승 ⇨ 에너지 생성/글리코겐, 지방 저장

다시 말해 인슐린은 잉여 포도당을 지방으로 저장시키는 '살찌게 하는 호르몬'이다. 그래서 살을 빼는 단순한 원리는 이 살찌게 하는 호르몬, 인슐린을 최대한 자극하지 않는 것이다. 살을 빼기 위해서는 일정시간 공복을 유지해 몸에 저장해둔 글리코겐을 꺼내 쓰고 또 지방을 분해해 에너지원으로 활용해야하는 것이다. 지방분해, 즉 살이 빠지려면 인슐린 수치가 충분히 떨어지는 것이 필수 조건이다.

하지만 우리는 자주, 그리고 많이 먹는다. 또 탄수화물 위주의 고탄수화물 식사를 한다. 그래서 인슐린 수치가 떨어질 틈을 주지 않는다. 하루종일 높은 인슐린 농도가 지속되고, 그러면 저장 호르몬인 인슐린으로 인해 우리 몸은 계속 지방을 저장하게 되는 것이다.

✖ 인슐린이 인슐린 저항성을 일으킨다

이렇게 높은 인슐린 수치가 계속되면 어떻게 될까? 세포는 지속적으로 높게 유지되는 인슐린에 저항하기 시작한다. 세포가 인슐린에 대한 민감도가 떨어지고 내성이 생겨 인슐린에 잘 반응하지 않는 것이다. 이것을 '**인슐린저항성**'이라 부른다. 그렇게

되면 혈액 속 포도당을 세포 속으로 잘 넣어주지 못하게 되고, 신체는 더 많은 인슐린을 분비해 혈중 인슐린 농도는 더 높아지게 된다. 이렇게 혈중 인슐린 농도가 높은 상태로 지속되면 인슐린저항성으로 이어진다.

- 고탄수화물, 자주먹는 식습관 ➪ 고혈당 ➪ 고인슐린혈증 ➪ 인슐린저항성 ➪ 비만, 당뇨, 고혈압, 다낭성난소 증후군 등

인슐린저항성은 우리가 아는 대부분의 증상들의 원인이 된다. 비만뿐만 아니라 당뇨, 고혈압, 동맥경화, 치매, 파킨슨병, 편두통, 다낭성 난소 증후군, 난임, 암까지 말이다. 또 몸의 사타구니, 겨드랑이가 까맣게 변하는 흑색가시세포증, 쥐젖, 건선, 여드름 등 피부질환도 인슐린 저항성이 원인이다. 요즘 젊은 친구들도 많이 겪고 있는 통풍, 담석 등도 인슐린 저항성이 주요 원인 중 하나이다. 이쯤 되면 만병의 근원은 인슐린저항성이라해도 과언이 아니다.

요즘은 당뇨를 앓는 사람들의 나이가 어려지고 있다. 발병 연령이 점차 낮아지면서 30세 이상 성인 6명 가운데 1명이 당뇨병 환자일 정도로 흔한 질환이 됐다. 아직 당뇨가 아니라 나와는 상관없는 일이라 생각하면 오산이다. 인슐린저항성은 당뇨 발병

13년 전부터 서서히 진행된다. 지금 내장지방이 있다면, 비만이라면, 그밖에 몸에 각종 증상들이 나타나고 있다면 인슐린 저항성은 물론 당뇨가 진행 중이라는 것을 꼭 알아야한다. 그리고 지금 당장 개선해야 한다.

✖ 인슐린 저항성 개선 방법

어떻게 하면 인슐린 저항성을 개선할 수 있을까? 정답은 높은 혈당과 인슐린에 과잉 노출 되는 것을 막는 것이다. 가장 기본은 혈당을 자극하는 탄수화물 섭취를 줄이는 것이다. 탄수화물, 그중에서도 정제탄수화물은 혈액 속 포도당과 인슐린 농도를 급격하게 올린다. 인슐린저항성을 물리치려면 식단 속 탄수화물을 줄여 인슐린 분비량을 최대한 줄이는 것이 핵심이다. 탄수화물을 적게 먹는다는 것은 혈당이 떨어진다는 의미이고, 이것은 혈중 인슐린 수치가 떨어져 인슐린 저항성이 개선되는 것을 의미한다.

그 다음은 간헐적 단식, 시간제한 식사를 통해 인슐린 수치를 낮추는 것이다. 매일 적은 양을 여러번 나눠 먹는 것보다 먹는 횟수를 줄이는 것이 인슐린저항성을 개선하는 데 훨씬 효과적이다. 매일 삼시세끼를 챙겨먹으며 중간중간 간식까지 챙겨먹는다면 하루 종일 인슐린이 높게 유지된다. 그보다는 하루 중 확실히 아무것도 안 먹는 시간을 통해 인슐린 농도가 낮게 유지되는 시간을 확보하는 것이 인슐린 저항성을 개선하고 인슐린 민감성을 높인다.

결국 중요한 것은 식사의 구성(저탄수화물)과 타이밍(간헐적 단식)이다. 인슐린 저항성은 대부분 사람들에게 나타나는 증상이다. 그 정도와 지속된 기간에 차이가 있을 뿐이다. 나이가 많을수록, 비만과 싸워 온 기간이 더 길수록 인슐린저항성을 개선하는 것은 더 힘들다. 더 늦어져서 개선하기 힘들어지기 전에 지금부터라도 실천해보자. 하루종일 인슐린 수치가 높은 상태에서는 지방을 태울 수가 없다. 건강해질 수도 없다. 30대부터가 중요하다. 지금부터 인슐린을 공부하고 인슐린저항성을 개선해가자.

아메리카노 없이 못살아?
: 부신피로증후군

3

아침이면 알람소리에 겨우겨우 몸을 일으킨다. 하나도 기대되지 않는, 할 일이 태산인 하루가 또 시작되었다.

'하아…. 또 회사 가는 날이네. 딱 하루만 쉬고 싶다.'

생각하며 피곤한 몸을 이끌고 만원 지하철에 탄다. 출근해서는 아이스 아메리카노를 얼른 내려 마신다. 그래야 그나마 입을 떼고 인사라도 할 힘이 생긴다. 자리에 앉아서는 아직도 머리가 멍한 채로 컴퓨터를 들여다 본다. 그렇게 오전시간을 보내고 나면 점심시간이다. 회의가 늦게 끝나서 식사가 좀 늦어진 날이면 갑자기 허기짐이 몰려와 손이 떨리기까지 한다. 점심을 먹고 들어와 자리에 앉으면 몸에 무력감이 다시 몰려오고 또 한 번 아이스 아메리카노를 마시며 정신을 붙잡아 본다. 그러다 퇴근 즈음이 되면 머리가 좀 맑아지는 것 같다. 아침만 해도 집에 바로 가서 자고 싶었던 마음은 어디론가 사라지고, 저녁 약속을 잡고 있는 나를 발견한다.

이 이야기는 20~30대 시절 나의 모습이자 지금 내 후배들의 모습이기도 하다. 직장에 들어와 매일 매일의 긴장 속에서 회사라는 곳에 적응하고 주어진 업무를 해나가다 보면 우리는 엄청난 스트레스에 지속적으로 노출되게 된다. 잠깐의 단기적인 스트레스는 우리에게 활력을 주고 성장하는 계기가 되기도 하지만, 이 스트레스가 장기간 반복되고 지속되면 몸에 문제가 생기기 시작한다. 바로 부신피로증후군이 그것이다.

✖ 부신이 지친 이유

부신은 양쪽 신장(콩팥) 위에 위치한 엄지 손가락만 한 장기인데, 우리 몸의 체온을 조절하는 에너지 공장이자 생존 호르몬을 생산하는 곳이다. 이 부신의 겉층을 피질이라 하는데, 이 피질에서 우리가 스트레스를 받을 때 나오는 코르티솔 호르몬이 분비된다. 일반적으로 위급상황이 닥치면 우리 몸은 스트레스 호르몬인 코르티솔과 에피네프린을 분비시켜 순간적으로 강력한 힘을 내어 자신의 몸을 보호하도록 한다.

하지만, 계속해서 이러한 위급상황, 스트레스 환경에서 살아간다면 부신호르몬이 지속적으로 분비되게 되고, 결국 부신이 지쳐 제 기능을 못하게 되어 부신호르몬 분비가 정상보다 줄어들기 시작한다. 그때 나타나는 증상들을 기능의학에서 '부신피로증후군'이라 부른다.

대표적인 부신피로증후군의 증상으로는 극심한 피로감, 식후 무력감, 심한 허기짐, 저혈당 증상, 기립성 저혈압, 예민, 짜증, 의욕저하, 우울감 등이 있다. 또 여성의 경우 생리전증후군과 생리통이 심한 증상이 나타나기도 한다. 또한 에너지 대사와 항염, 면역에 핵심적으로 관여하는 코르티솔의 분비가 줄어들게 되면서 면역균형이 깨지고 각종 염증성 질환들에 노출되게 된다.

사실 이러한 부신피로증후군의 증상들은 우리에게 너무나 익숙하다. 현대사회를 살아가는 대부분의 사람들이 이 증상에서 자유롭지 못하다. 일에 치이고 사람과의 관계에 치이는 현실 속에서 부신이 그만 지쳐버려 그 기능을 점점 잃어가고 있다면, 그래서 나의 몸이 그 신호를 보내고 있다면 부신을 쉬게 해주는 것이 답이다.

✖ 지친 부신을 회복시키기

부신을 쉬게 해주고 회복시키는 방법, **첫 번째로는 그 원인을 제거하는 것이다.** 반복적이고 지속적인 스트레스 상황으로 인해 부신이 지쳤다면, 스트레스를 감소시키는 생활습관과 생각습관을 갖는 것이 필수로 선행되어야 한다. 어떤 스트레스 상황도 거뜬히, 무난히 넘겨낼 수 있는 몸과 마음의 상태를 만드는 것이 우선이다. 호흡과 명상, 산책, 긍정확언 등으로 몸과 마음을 긴장으로부터 이

완시켜야 한다. 3분이라도 시간을 내어 아침저녁으로 호흡과 명상을 해보는 것도 좋다. 업무 중 잠시 짬을 내어 회사 건물 한 바퀴를 크게 호흡하며 걸어도 좋다. 일기를 쓰거나 독서를 통해 나를 돌아보는 쉼표의 시간을 가져도 좋다.

다음으로는 부신을 보호하고 제기능을 잘 할 수 있도록 부족한 영양소를 보충해주는 것이다. 여기서 잠깐, 영양소 보충보다 더 중요한 것은 **부신을 자극하는 요인부터 끊어내는 것이다.** 부신을 자극하는 대표적인 음식은 설탕, 밀가루 등의 정제 탄수화물이다. 이러한 정제탄수화물을 섭취하게 되면 인슐린이 분비되고 일시적 저혈당 상태로 부신이 자극된다. 단 음식부터 줄이는 것이 먼저다. 그 다음, 부신의 기능을 도울 수 있는 영양소를 보충해줄 수 있는데, 대표적인 것이 비타민C, 비타민B군, 마그네슘, 코엔자임 큐텐, 오메가3, 카르니틴 등이다. 식물성추출물로는 감초, 아슈와간다, 홍경천, 가시오가피, 감초, 오미자 등이 있다. 이러한 영양소들은 한 번에 다 챙겨 먹기는 힘들다. 먼저 좋은 품질의 종합 영양제부터 섭취하면서 몸의 상태를 체크해 보고 부족한 부분을 추가 성분으로 조합해서 먹는 것을 추천한다.

마지막으로 카페인 섭취를 줄이고 충분한 휴식을 취하는 것이다. 피곤해서 휴식이 필요한 몸의 신호를 무시한 채 카페인의 힘으로 살아내다 보면 결국 몸과 마음이 지쳐 번아웃에 이르게 된다. 힘들고 지치면 카페인을 보충할 게 아니라 제대로 된 휴식을 취해야 한다. 정신을 차리기 위해 하루에 몇 잔씩 마시는 커피가 밤에 숙면을 방해해 피로회복이 안 되는 악순환으로 이어진다. 부신이 회복되는 기간 동안만큼은 카페인 끊기에 도전해보길 바란다.

✕ 달라진 아침 풍경

아침에 왜 그렇게 피곤하고 정신이 멍한지, 왜 작은 일에도 예민하고 짜증이 밀려오는지, 왜 이렇게 무기력한지, 이유를 알면 해결할 수 있다. 처음엔 나도 몰랐다. 그래서 매일 나 자신을 더 다그치고 더 힘을 주어 살았다. 이제는 내 몸의 신호를 들여다보고 이해하기 시작했고, 생활 속에서 하나씩 하나씩 건강한 루틴을 실천해 나가고 있다.

예전에는 커피가 없는 아침은 상상도 못했다면, 이제는 아침에 커피 마시는 것을 잊을 때가 더 많다. 이제는 커피에 의지하지 않고 커피를 즐길 수 있게 되었다. 작은 일에도 예민하고 짜증이 많았던 나는 한결 더 여유로워지고 인자해졌다. 몸이 필요로하는 영양소는 적극적으로 챙겨먹고, 무심결에 집어먹던 과자도 빵도 끊었다. 아침, 저녁으로, 일 하다 중간에 크게 호흡하며 숨을 가다듬는 여유를 부리기도 한다. 이제는 아침에 웃으면서 사람들과 대화할 수 있다. 나의 몸과 마음이 여유로워지니 삶이 더 가벼워졌다.

가볍고 심플한 삶의 첫 걸음, 부신을 쉬게 하자!

당신에게는 지금 소금이 필요하다
: 소금에 대한 오해

4

몇 해 전부터 회사 구내식당에 직원들의 건강을 위해 저염식 라인이 따로 운영되기 시작했다. 평소 건강관리에 소홀했던 직원들은 한 끼라도 건강히 먹겠다는 '의지'로 입맛에는 안 맞지만 저염식 라인을 택한다. 역시나 음식은 밋밋하지만 이것도 적응이 되었는지 심심하게 먹는 것도 나쁘지는 않은 것 같다. 세상 건강해지는 기분이다.

그렇게 점심을 먹고 난 오후, 다시 업무에 집중해보려 하지만 소화도 안 되고 영 속이 더부룩하다. 무기력하고 뒷골이 당기는 것은 뭐 일상이다. 뭔가 입이 심심해서 탕비실로 가서 과자 하나를 까먹으며 정신을 차려본다. 어쩔 수 없는 직업병 아니 회사병이려니 하며 오늘도 수많은 증상들과 함께 일을 해낸다.

✖ 소금은 해롭지 않다

우리가 건강에 대해 잘못 알고 있는 대표적인 정보 중 하나가 '소금'에 대한 오해이다. 우리는 짠 것은 해롭다고 배워왔다. 그래서 다이어터부터 시작해서 건강에 이상 신호가 있는 환자들까지 건강한 '저염식'을 하려고 애를 쓴다. 살을 빼기 위해, 몸이 붓지 않게 하기 위해, 혈압을 낮추기 위해 등등 소금 섭취를 줄이려는 노력은 건강을 챙기는 이들이 가장 먼저하는 노력이다.

소금 섭취를 줄여야 한다는 일반적인 믿음에도 불구하고, 2022년 11월 국제학술지에 발표된 논문 〈식이 나트륨, 칼륨 및 나트륨-칼륨 비율과 사망률의 연관성: 10년 분석〉에 따르면, 10년 동안 우리나라 성인 143,050명의 참가자를 대상으로 나트륨, 칼륨 섭취와 사망률 사이의 연관성을 조사한 결과, 소금 섭취가 심혈관계 질환으로 인한 사망률에 유의미한 영향을 미치지 않으며, 오히려 칼륨 섭취 부족이 사망률과의 연관성에 매우 큰 역할을 한다고 밝혀졌다. 나트륨 섭취를 과도하게 줄이는 것보다 칼륨 섭취를 늘리는 것이 심혈관 건강에 더 중요할 수 있다는 것이다. 이는 저염식이 항상 건강에 유익하지 않을 수 있으며, 균형 잡힌 전해질 섭취가 중요하다는 메시지를 전달한다.

또한 소금에 대한 오해를 풀고 소금의 역할을 소개하는 책 《짠맛의 힘》에서는 소금이 염증을 줄이고, 면역 기능을 강화하며, 신진대사를 촉진한다고 강조한다. 소금은 체내 수분 균형을 유지하고, 혈액순환을 돕는 필수 영양소로, 부족하면 다양한 건강 문제가 발생할 수 있다고 설명하면서 적절한 소금 섭취를 통해 건강이 개선된 다양한 사례를 소개하고 있다.

우리 몸은 항상 일정한 상태를 유지하는 능력인 항상성의 특성을 가지고 있다. 이 특성으로 인해 우리 몸의 체액은 염도 0.9%의 일정한 농도로 유지된다. 몸이 피곤하거나 아플 때 병원에서 수액을 맞아본 적이 있을 것이다. 이 수액은 염도 0.9%의 생리식염수에 필요한 영양성분을 추가해 제조된다. 수액을 맞고 몸이 회복되고 컨디션이 좋아지는 것은 0.9% 염도의 염화나트륨 용액으로 몸에 즉각적인 수분이 보충되어 혈액순환과 영양보충, 독소 배출을 돕기 때문이다. 건강을 위해 저염식을 하지만, 정작 건강이 안 좋을 때 병원에서 가장 먼저 보충해 주는 것이 결국 소금물인 것이다.

우리 몸은 수분과 염분을 소변이나 땀으로 배출해 몸 속 염도를 일정하게 유지한다. 체액의 염도가 높아지면 몸 속 수분을 더 확보하기 위해 물을 더 마시려 하고, 체액의 염도가 낮아지면 수분을 몸 밖으로 배출해 농도를 맞추는 것이다. 그래서 우리가 저염식으로 소금 섭취는 줄이면서 물을 많이 마시게 되면 결국 우리 몸은 염도를 높이기 위해 소변이나 땀으로 수분을 배출해버리고 만다. 거기에 카페인이 든 커피나 각종 음료까지 마신다면 이뇨작용으로 인해 우리 몸은 만성적인 탈수 상태로 이어지는 것이다.

따라서 소금이 없이는 아무리 물을 챙겨 마셔도 우리 몸에 필요한 수분이 채워지지 않는다. 체액의 염도에 맞게 소금도 함께 섭취해주는 것이 매우 중요하다.

✖ 소금이 부족하면?

소금이 부족할 때 나타나는 우리 몸에는 여러 가지 증상들이 나타나는데 **그 대표적인 증상이 음식을 먹은 후 소화가 안 되는 것이다.** 소금이 부족하면 몸 속 수분이 부족해져 소화에 필요한 호르몬이나 소화액 분비도 잘 되지 않는다. 그러면 음식물이 소화되지 않고 더부룩하고 가스가 차게 된다. 간이 맞아야 맛있고 소화도 잘된다는 것을 꼭 기억하자.

다음 증상은 염증이다. 비염, 위염, 피부염, 감기 등 저염식으로 체액의 염도가 낮아지면 면역력이 떨어져 각종 염증에 시달리게 된다. 소금을 잘 보충해주면 피부가 맑아지고 몸에 염증이 사라지는 경험을 하게 될 것이다. 특히 감기 기운이 있을 때는 소금이 직방이다. 초기 감기 증상이 나타날 때 따뜻한 소금물로 몸을 따뜻하게 해주고 염분을 보충해주면 몸이 금세 회복되고 염증이 사라진다.

또, 소금이 부족해지면 혈액이 탁해진다. 혈액이 탁해지니 몸 구석구석 혈액순환이 안 되고 딱딱해지고 경직된다. 이것은 자연스럽게 각종 통증, 저림, 어지럼증, 냉증 등으로 이어진다.

소금을 잘 섭취해주면 혈액이 맑아지고 혈액순환이 잘되어 영양 공급, 독소 배출이 잘되는 건강한 몸이 된다. 진짜 건강의 첫 걸음인 것이다.

마지막으로 소금 섭취가 줄어들면 우리는 단맛을 탐닉하고 의지하게 된다. 소금을 멀리하면서 설탕을 가까이하게 된다. 이 때문에 비만, 지방간, 고혈압, 당뇨 등 각종 대사질환과 심혈관 질환으로 이어지는 최악의 결과로 이어지게 된다. 유독 달달한 음식이 끊임없이 당긴다면 소금 부족을 의심해 봐야한다. 설탕에 대한 갈망을 끊을 수 있는 열쇠는 '소금섭취'인 것이다.

위에서 살펴보았듯이 소금 부족은 체내 수분 부족으로 이어지고, 소화불량, 혈액순환 장애, 염증, 단맛에 대한 갈망 등의 문제로 이어진다. 하지만 오랜시간 자리잡은 '짜게 먹는 것은 몸에 좋지 않다.'라는 우리의 인식은 쉽게 바꾸기가 어렵다. 충분히 이해한다. 나도 그랬으니까 말이다.

일단은 '짜게 먹어도 괜찮다.'라는 것에 대한 인지부터 시작해보자. 그리고 조금씩 소금을 늘려가면서 몸의 변화, 반응을 살펴보자. 그러면 몸이 다음의 변화로 말해줄 것이다.

피부는 촉촉해지고 맑아진다. 항상 뻣뻣하고 경직되어 여기저기 아프던 몸이 부드러워지고 통증이 사라진다. 또한 음식을 먹으면 소화가 잘 되고 체력이 좋아지고, 항상 냉했던 몸이 열이 나면서 활력도 생긴다. 지긋지긋한 변비도 해결된다. 단맛에 대한 중독에서도 벗어날 수 있고 살도 빠진다. 한결 마음도 여유로워진다.

✕ 소금 섭취 방법, 그리고 균형

그렇다면 소금을 어떻게 그리고 얼마나 먹어야할까? 가장 최선은 음식을 통해 섭취하는 것이다. 간간하게 간을 해서 입맛에 맞게 먹으면 된다. 나의 몸 상태, 나의 입맛에 따라 맛있다고 느껴지는 짠맛의 정도가 다르다. 그날 그날 내 몸이 원하는 짠 맛으로 잘 보충해주자.

음식으로 부족한 날에는 따뜻한 소금물, 소금차를 마시는 것도 강추한다. 오전, 오후 달달한 간식이 당길 때 따뜻한 소금물 한 잔이 가짜 식욕을 잡아주고 몸에 수분 충전을 해준다. 이것이 익숙해지면 맹물은 맛이 없게 느껴지기도 한다. 소금물이 맛있게 느껴진다면 몸이 그것을 원하는 것이니 잘 챙겨 먹어보자.

이렇게 소금을 잘 챙겨 먹으면서 동시에 우리 몸에서 보내는 신호를 잘 살펴봐야 한다. 만약 소금 섭취를 늘린 후 지속적으로 두통, 어지러움, 구역감, 설사, 붓기 등의 부작용이 있다면 이것은 소금을 잘못 섭취하고 있다는 신호이다. 다시 말해 염분과 수분의 균형이 맞지 않다는 신호인 것이다. 이럴 때는 천천히 몸 상태를 보며 소금과 물의 균형을 맞춰가는 것이 필요하다. 이러한 부작용은 소금의 문제가 아니라 균형의 문제인 것을 잊지 말아야 한다. 내 몸에 필요한 소금과 물의 양을 찾아가는 것이 필요하다.

짠 맛에 대한 두려움, 오해를 버리고, 천천히 소금 섭취를 늘려가면서 내 몸의 최적 상태를 찾아가보자. 어쩌면 그동안 해결되지 않았던 건강상의 많은 문제들이 소금 하나로 해결될지도 모르니 말이다.

당신의 다이어트는 잘못됐습니다

: 지방에 대한 오해

5

다이어트는 참 어렵다. 다이어트를 한 번도 안 해본 사람은 있을지 몰라도 딱 한 번만 해본 사람은 없을 정도로 인생은 끊임없는 다이어트의 연속이다. 독하게 마음 먹고 2~3kg를 빼는 것은 죽도록 힘들지만 도로 4~5kg 찌는 것은 일도 아니다. 어렵게 빼놓은 살이 단 하루만에 원상복귀되어 버리기도 한다.

그래도 오늘도 다이어트를 결심하며 닭가슴살과 토마토, 고구마를 산다. 퍽퍽한 닭가슴살에 방울 토마토를 먹으며 하루이틀은 어떻게든 버텨보지만, 의지만으로 버티기에는 식욕 조절이 보통 힘든 것이 아니다. 배고픔을 견디고 견디다 폭발하면 그때부터는 걷잡을 수 없는 폭식으로 이어지기도 한다. 그리고 목표한 몸무게를 달성하고 나면 고삐가 풀려버리기 일쑤다.

✕ 저지방, 저칼로리 다이어트가 실패하는 이유

다이어트는 왜 이렇게 힘든 것일까? 살은 도대체 어떻게 빼는 걸까? 우선 다이어트에 대한 잘못된 접근방식부터 바로잡아야 한다. 다이어트를 단순히 '최대한 적게 먹는 것'에 집중해 칼로리 개념으로 접근하면 안 된다. 최대한 적게, 저칼로리로 먹고 많이 움직이는 것이 다이어트 불변의 법칙이라 생각하면 다이어트에 성공할 수 없다.

다이어트 뿐만 아니라 건강한 식습관을 갖기 위해서 버려야 할 오해는 바로 '지방은 몸에 해롭다. 지방은 살이 찐다.'라는 생각이다. 사실 살을 찌게 하고 몸을 아프게 하는 범인은 지방이 아니다. 진짜 범인은 탄수화물이다. 특히 정제 탄수화물이다.

비만과 당뇨병 관리 분야에서 세계적으로 유명한 신장내과 전문의이자, 저탄수화물 고지방 식단을 통한 체중 감량 및 건강 개선을 주장하는 선구자인 제이슨 펑 박사는 그의 책《비만코드》,《당뇨코드》에서 비만의 주요 원인이 인슐린이라고 설명한다. 인슐린 분비를 관리하려면 탄수화물 섭취를 줄이고, 건강한 지방을 섭취해야 한다고 강조한다. 탄수화물은 혈당을 급격히 상승시키고, 이로 인해 인슐린 분비가 증가한다. 반면, 지방은 인슐린 수치를 거의 자극하지 않으면서도 충분한 에너지를 공급한다. 이러한 이유로 제이슨 펑 박사는 저탄수화물 고지방 식단을 추천한다.

저지방, 저칼로리 다이어트가 실패하는 이유는 여러 가지가 있다.

첫째, 지방 섭취를 줄이면 포만감을 유지하기 어려워 결국 과식을 유발할 수 있다.

둘째, 저칼로리 다이어트는 기초 대사율을 낮추고, 이는 요요 현상을 일으킨다.

셋째, 저지방 식단은 결국 고탄수화물 식단으로 이어지기 쉽다. 이는 인슐린 분비를 과도하게 자극해 지방 축적을 촉진하고, 혈당 변동을 심화시켜 전반적인 건강 상태를 악화시킨다.

마지막으로, 호르몬의 재료인 지방이 부족하면 호르몬 불균형이 발생하여 전반적인 건강 상태가 악화된다.

이렇듯 칼로리 섭취를 줄이는 방식으로 체중을 감량하면 몸의 대사율이 낮아져 오히려 살이 찌기 쉬운 몸으로 바뀐다. 이것이 바로 요요 현상이 일어나는 원리다.

✖ 똑똑하고 건강하게 살 빼자

해답은 살찌는 호르몬인 인슐린을 관리하는 것이다. 인슐린 수치를 정상화하려면 탄수화물을 최대한 줄이고, 인슐린을 거의 자극하지 않으면서 충분한 에너지를 공급하는 지방을 적극 섭취해야 한다.

제이슨 펑 박사는《비만코드》에서 저탄수화물 고지방 식단이 어떻게 체중 감량과 건강 개선에 도움을 주는지 상세히 설명하고 있다. 그는 지방이 충분한 에너지를 제공하면서도 인슐린 수치를 안정적으로 유지해 주기 때문에, 장기적으로 볼 때 이 식단이 비만과 관련된 여러 질병 예방에 효과적이라고 주장한다.

지방을 피해야 한다는 오래된 믿음은 점점 더 많은 연구에 의해 재평가되고 있다. 비만, 당뇨, 심혈관 질환의 주요 원인은 지방이 아니라 과도한 탄수화물 섭취라는 사실이 과학적으로 명확해지고 있는 것이다. 2010년《Journal of the American Medical Association(JAMA)》에서 발표된 연구 '탄수화물 섭취와 심혈관 질환의 위험'에 따르면 탄수화물 섭취가 심혈관 질환의 주요 위험 요소이며, 고탄수화물 식단이 인슐린 저항성을 유발하고, 이는 결국 심혈관 질환으로 이어질 수 있음을 보여주었다.

지방은 우리 몸에 꼭 필요한 3대 영양소 중 하나다. 지방은 세포막을 구성하고, 호르몬을 만드는 데 필요한 재료가 된다. 비타민 D, K와 같은 지용성 비타민의 흡수를 돕고, 칼슘을 뼈에 흡수시키는 역할도 한다. 그러나 지난 수십 년간 주류 의학계에서는 포화 지방과 콜레스테롤을 심장병과 심혈관 질환의 원인으로 낙인찍고, 포화지방 섭취를 줄이라는 경고를 해왔다. 하지만 최근 연구들은 이러한 주장이 잘못되었음을 보여주고 있다.

✖ 그렇다면 모든 지방이 다 건강한 걸까?

지방을 먹을 때 주의해야 할 점은 트랜스 지방이나 가공된 식물성 지방처럼 산화되거나 염증을 일으키는 지방을 피하는 것이다. 고도의 가공과정을 거쳐 만들어진 대두유, 카놀라유, 옥수수유, 해바라기씨유, 포도씨유, 마가린 등이 이에 속한다. 반면, 버터, 라드, 생선, 고기 등 동물성 지방과 올리브유, 아보카도, 코코넛 오일, 견과류 등과 같은 건강한 지방은 좋은 선택이다. 이런 건강한 지방은 몸에 좋은 HDL 콜레스테롤 수치를 높여주고, 염증을 줄이는 데 도움을 주고 뇌 기능과 인지기능을 높여 줄 수 있다.

탄수화물, 특히 빵, 떡, 면과 같은 정제탄수화물을 줄이고 건강한 지방을 섭취하는 것이 진정한 다이어트와 건강을 위한 길이다. 식단에 건강한 고기, 생선, 올리브유, 견과류, 버터, 계란 등을 추가해보자. 맛과 포만감뿐만 아니라 에너지까지 높게 유지되는 최상의 다이어트가 되어줄 것이다.

이제는 더 이상 쫄쫄 굶으며 맛없는 다이어트가 아닌, 맛있게, 건강하게 먹으며 하는 똑똑한 다이어트를 시작할 때다. 지방에 대해 공부하자. 그리고 이만 오해를 풀자.

먹어서는 안 될 것부터 알아야 한다

: 제한식이요법

6

여드름 때문에 죽고 싶을 만큼 힘들었던 때가 있었다. 사람들 눈을 쳐다보지도 못할 정도로 대인기피증도 심했고 적극적이었던 성격도 점점 소극적으로 변해갔다. 피부 때문에 받은 몸과 마음의 상처는 아물기까지 20년이 넘게 걸렸다. 학생 땐 방학을, 회사원일 땐 여름휴가를 반납하고 가장 세고 강력한 치료들을 찾아다녔다. 하지만 치료를 하면 할수록 피부는 점점 더 예민해졌고 얇아져갔다.

한번은 답답한 마음에 피부과 선생님께 혹시 음식을 조절해서 먹어야하는지 여쭤봤다. 그때 의사 선생님의 대답은 '상관없다'였다. 지성 피부라서 어쩔 수 없다고, 평생 여드름이 날 피부라고 말씀하셨다. 그렇게 나는 나의 10대, 20대, 30대를 피부과에 돈을 쏟아부으며 피부가 좋아질 날을 기다렸다.

하지만 이제는 안다. 음식이 문제였다. 내 피부는 음식으로부터 시작된 문제였다. 매번 끼니를 초코우유에 달달한 빵, 과자로 대충 때우고, 저녁에는 자극적인 음식과 맥주로 스트레스를 풀었던 나의 식습관에서부터 어긋난 결과였다. 여드름뿐만 아니라 극심한 생리통, 소화불량, 변비, 역류성 식도염, 배만 볼록한 마른 비만, 만성피로까지도 다 나의 식생활로부터 시작된 문제들이었던 것이다.

이 사실을 20년 전 그 때 알았다면 어땠을까? 어느 화장품 광고에서처럼 '깨끗하고 맑고 자신있게!'를 외치며 좀 더 나답게, 자신있게 살 수 있지 않았을까?

✖ "내가 먹은 음식이 나다"

우리 몸은 100조 개의 세포로 이루어져 있는데, 몸 속 모든 세포는 내 입으로 먹고 마신 것들로 만들어진다. 건강하게 살고 싶다면 내 몸 속 세포에게 좋은 영양을 공급해야 한다. 모든 병은 세포에 제대로 된 영양이 공급되지 못하고 독소가 축적되는 데서 일어난다. 세포가 필요로 하는 영양소를 공급해주지 못하기 때문에 몸이 아프고, 세포에 독소를 집어넣기 때문에 병에 걸리는 것이다.

곧 식습관을 바꾸는 것부터가 시작이다. 여태껏 음식을 단순히 먹고 즐기는 대상으로 생각했다면, 이제는 세포에 필수적인 영양을 공급한다는 인식을 가지고 좀 더 건강하게 선택해나가야 한다. 아직 건강을 챙기기엔 어리다고 생각되는가? 아직 건강이라는 단어가 남의 이야기 같이 들리는가? 요즘엔 젊은 세대들도 지방간, 비만, 당뇨, 각종 자가면역 질환뿐만 아니라 암 발생률이 급격히 증가되고 있는 것이 현실이다. 젊다고 방심하면 안 된다. 조용히 내 몸의 소리에 귀 기울여 보아야 한다. "아직 딱히 아픈 곳은 없다"라고 말하지만, 내 몸은 사실 여러 신호를 보내고 있을 테니 말이다.

✖ 나쁜 음식을 끊는 것이 먼저다

세포에 영양을 공급하고, 독소를 집어넣지 않으려면 어떤 음식을 먹어야 하는 걸까? 건강한 식습관의 핵심은 우선 나쁜 음식을 먹지 않는 것에 있다. 대부분의 사람들이 자신은 어느 정도 좋은 식습관을 가지고 있다는 착각을 한다. 하지만 현실은 그렇지 않다. 우선 어떤 음식이 가짜 음식이고 나를 병들게 하는지 알지 못하는 경우가 많다. 그리고 현실 속 음식은 이미 너무 많이 오염되어 있다. 그래서 우리는 어떤 음식이 가짜 음식이고 나쁜 음식인지부터 알고, 그것부터 줄여 나가야 한다.

첫 번째로 줄여야할 식재료는 설탕이다. 우리는 단맛에 중독되어 있다. 우리가 먹는 거의 모든 음식에는 생각보다 훨씬 많은 양의 설탕이 들어있다. 설탕은 잠깐 나의 기분을 좋게 만들어 줄지는 모르지만, 혈당을 높여 인슐린 분비를 촉진시키고 비만으로 이어진다. 또한 과도한 인슐린은 호르몬 균형을 무너뜨린다. 설탕은 모든 염증의 원인이며 '최종당화산물(AGEs)'이라는 당독소를 만들어 노화를 촉진하고 우리 세포를 손상시킨다. 심지어 암의 먹이가 되어 암을 먹여살리는 것 또한 설탕이다. 건강한 식습관의 첫걸음은 달달한 디저트와 음료, 식사 속 단맛을 끊어내는 것이다.

두 번째 나쁜음식은 밀가루다. 밀가루는 몸 속에서 결국 설탕과 똑같이 대사되기 때문에 설탕이 일으키는 문제를 똑같이 일으킨다. 설탕과 같이 혈당, 인슐린, 호르몬 문제뿐만 아니라 장 건강에 직격탄을 날린다. 밀가루는 장 내벽을 손상시켜 영양소의 흡수를 방해하고 몸 속으로 들어와서는 안 될 독소와 세균, 음식 찌꺼기 등을 몸 속으로 침투시킨다. 이는 결국 전신의 염증 반응과 각종 자가면역질환으로 이어지게 되는 것이다.

장 트러블이 있는가? 각종 염증과 피부질환으로 고생하고 있는가? 그렇다면 우선 단 2주만 밀가루 끊기에 도전해보길 바란다. 몸이 내가 먹는 것에 정직하게 반응할 것이다.

또 한 가지 나쁜 음식은 가공된 기름이다. 세포막은 주로 기름으로 만들어지는데 세포막이 건강해야 필요한 영양소는 세포 속으로 들여보내고, 노폐물들은 세포 밖으로 내보내는 제 기능을 할 수 있다. 그런데 나쁜 기름은 이러한 세포막의 구성과 기능을 방해하고 결국 세포를 영양부족과 독소로 병들게 만든다. 가공된 기름은 오메가-6 함량이 높아 염증을 일으키고 면역 시스템을 억제한다. 가공된 기름은 그 가공과정에서 심하게 화학 처리되는데, 이때 트랜스 지방을 비롯한 독성물질이 만들어지게 된다. 이러한 독성물질은 모든 만성질환의 원인이 되는 것이다. 가공된 기름으로는 콩기름, 옥수수기름, 해바라기씨유, 카놀라유, 포도씨유 같은 마트에서 파는 대부분의 오일이 해당된다. 올리브유, 코코넛오일, 아보카도유, 생선기름 등 자연적인 방식으로 가공된 고품질의 기름을 먹어야한다. 건강을 위해 기름을 바꾸는 것은 선택이 아니라 필수다.

마지막으로 나쁜 음식은 우유다. 우유는 건강을 위해 먹기 싫어도 먹어야하는 것으로 배웠지만, 사실은 먹지 말아야 할 음식 중 하나다. 우유에는 강력한 성장호르몬인 '인슐린유사성장인자-1(IGF-1)'가 들어있다. 이 IGF-1은 세포의 성장을 지시하는데, 이것이 성인에게는 암을 촉진한다고 하는 연구결과가 여럿 발표된 바 있다. 또한 우유의 가공과정에서 영양소는 적어지고 독성이 많아지게 된다. 그리고 우유 속 카세인이라는 단백질은 장 점막을 손상시켜 몸을 만성 염증 상태로 만든다. 식생활에서 유제품만 빼내도 장이 한결 편안해지는 것을 느낄 수 있다. 유제품을 먹고 난 후 몸의 신호를 좀 더 관심 있게 살펴봐야 하는 이유이다.

✖ 건강은 내 선택이다

나는 건강에 대해 공부하면서 내 몸에 관심을 갖게 되었고, 설탕, 밀가루, 가공된 기름, 유제품부터 끊어갔다. 처음엔 다이어트로 시작했지만 피부가 맑아졌다. 소화가 잘되기 시작했고 일년 내내 나오던 콧물이 멈췄다. 30대 이후에 포기했던 뱃살이 줄어들기 시작했고, 생리통은 약을 안 먹어도 될 정도로 확 줄었다. 이 모든 게 대단한 걸 챙겨 먹어서가 아니다. 나쁜 음식부터 줄여갔을 뿐인데 건강이 몰라보게 좋아지기 시작한 것이다.

탄탄한 면역력, 탱탱하고 맑은 피부, 건강한 장은 나의 선택으로 만들어진다. 결국 좋은 식습관을 선택하는 것이 답이다. 내가 내 몸에 관심을 갖고 좋은 식습관으로 바꿔가다 보면 몸은 생각보다 바로 반응한다. 어떤 걸 먹어서 살을 빼고, 건강해질지 찾기보다 먼저 나쁜 음식을 빼내는 것에 집중해보자. 그 다음 내 몸의 소리에 관심을 갖다보면 몸이 원하는 진짜 음식을 찾게 될 것이다. 그럼 오늘도 건강을 선택하고 자신의 건강을 책임지는 하루가 되길 바란다.

동안 피부 지킴이 오토파지의 부활
: 간헐적 단식

7

우리는 끊임 없이 먹는다. 배가 고파서 먹고, 배가 고플까 봐 먹고, 스트레스 받아서 먹고, 또 체력을 보충하기 위해 먹는다. 심지어 '살을 빼려고'도 먹는다. 그야말로 우리는 배고픔이 사라진 시대 속에 끊임없이 먹으며 살고 있다. TV와 SNS에는 꼭 한 번 맛보고 싶은 음식과 디저트들이 넘쳐난다.

식품회사들은 시장에서 최대한 매출을 늘리기 위해 각종 광고와 연구결과로 우리의 식습관을 형성해 간다. 그들은 판매하는 제품들이 건강에 좋다는 이론을 쏟아내며 사람들로 하여금 계속 무언가를 소비하도록 부추긴다. TV 건강 프로그램에 소개되는 식품과 영양성분들은 채널만 돌리면 친절하게도 홈쇼핑에서 판매 중이다. 그들의 마케팅 결과 우리는 아침은 든든하게,

출출할 땐 간식을, 점심과 저녁에는 각종 맛있는 음식을 찾아 헤맨다. 거기에 건강을 생각하며 각종 건강식품들까지 빼먹지 않고 챙겨먹는다.

✖ 우리 몸은 '먹지 않는' 휴식이 필요하다

우리 몸은 이렇게 끊임없이 먹도록 진화되지 않았다. 인류가 삼시세끼를 챙겨먹고, 거기에 간식까지 챙겨 먹기 시작한 지는 불과 1~200년이 채 되지 않는다. 먹는 시간이 있다면 배가 고픈, 공복 시간도 필요하다. 먹는 시간과 공복시간에 균형이 필요하다. 애초에 우리 몸은 그렇게 설계되었기 때문이다.

음식을 먹게 되면 우리 몸은 음식 에너지를 즉시 사용한다. 그리고 여분의 에너지는 글리코겐과 지방의 형태로 저장한다. 음식을 먹지 않는 동안에는 저장해 둔 글리코겐과 지방을 꺼내 에너지로 사용하게 된다. 하지만 우리는 끊임없이 먹으면서 저장된 에너지를 꺼내 쓸 틈을 주지 않는다. 그러니 몸은 계속 들어오는 음식물을 소화하고 해독하느라 쉴 틈 없이 지치고, 이곳저곳이 망가져간다. 당연히 지방분해도 일어나지 않는다.

✖ 잠시 먹기를 멈추면 일어나는 일

우리는 먹는 것을 잠시 멈추어야 한다. 적절한 공복시간, 즉 단식을 루틴으로 만들어야 한다. '단식'이라고 하면 겁부터 난다. '도대체 얼마나 굶어야 되는거야? 나는 한끼라도 건너뛰면 큰일 나는데? 내가 과연 할 수 있을까?' 등등. 그러나 걱정할 필요 없다. 단식은 내가 할 수 있는 만큼, 일상에 무리가 되지 않는 선에서 '선택'하면 되는 것이다. 먼저는 단식에 대해 알고 시작하는 것이 중요하다. 알면 막연한 두려움에서 벗어날 수 있으니 말이다.

단식을 하면 우선 매일 시도 때도 없이 먹고 소화하느라 한시도 쉬지 못했던 소화기관이 휴식을 취하게 된다. 소화기관이 충분히 회복되면 영양분의 소화, 흡수가 잘되어 몸의 전반적인 건강 상태가 좋아지기 시작한다. 간도 해독기능이 회복되고, 그 동안 저장만 해왔던 지방을 분해해 에너지원으로 쓰기 시작하면서 살도 빠지기 시작한다. 또한 혈당이 안정화되면서 혈액이 맑아지고 혈관도 튼튼해진다. 무엇보다 중요한 변화는 세포가 스스로 재생하고 회복하는 오토파지, 즉 '자가포식'이 기능하기 시작한다.

여기서 '자가포식'이란 세포가 세포 속 낡고 망가진 세포기관을 모아 분해하고 새로운 단백질을 만드는 것을 말한다. 다시 말해 세포 속 불필요한 노폐물을 청소해 세포와 조직, 기관의 기능이 재생되고 활성화되도록 돕는 것을 말한다.

그런데 이러한 자가포식은 음식을 먹어 영양이 충분한 상태에서는 작동되지 않는다. 마지막으로 음식을 먹고 16시간 정도가 지나야 자가포식은 활성화되는 것이다. 자가포식이 잘 기능하게 되면 우리 몸은 감염으로부터 보호되고 면역과 노화방지 효과를 누릴 수 있게 된다. 16시간 이상 단식을 하면 자가포식 기능으로 세포가 재생되고 회복되어 세포의 기능회복뿐만 아니라 피부도 맑고 탱탱해지는 것이다.

✖ 단식의 방법

단식은 결심한다고 바로 3일, 5일 상기로 시작하지 않아도 되니 마음 편히 먹어도 된다. 먼저 일상 속에서 먹는 시간과 안 먹는 시간을 구분하는 것부터가 시작이다. 하루에 12시간 동안 먹고 12시간 공복을 유지하는 것부터 시작해보자. 그 다음 먹는 시간을 10시간, 8시간으로 점차 줄여가는 연습을 해야한다. 이렇게 일상 속 식사시간과 단식시간을 번갈아가며 간헐적으로 공복을 유지하는 것을 '간헐적 단식'이라 부른다. 공복시간이 10시간 지속되면 지방 분해가 시작되고, 16시간이 지나면 자가포식 기능이 시작된다. 조금씩 공복시간을 늘려보자.

단식에는 24시간 단식, 36시간 단식, 72시간 단식, 격일 단식까지 단식 시간에 따라 종류가 다양하다. 일상 속에서 무리없이 시도하기에는 24시간 단식을 추천한다. 우선 24시간 단식은 점심을 마지막 식사로 하였다면 저녁을 안 먹고 다음날 점심으로 공복을 깨는 것이다. 결과적으로 저녁 한끼만 공복을 유지하면 다음날 점심 식사 시간까지 24시간이 확보되는 것이니 생각보다 어렵지 않다. 만약 저녁을 마지막 끼니로 먹었다면 다음날 점심은 건너뛰고 저녁을 첫 끼니로 먹으면 되는 것이다. 자신의 스케줄과 상황에 따라 조정하면 된다. 24시간 단식은 나의 생활 방식을 크게 해치지 않는 선에서 비워낼 수 강력한 건강루틴이다.

단식 중에는 칼로리가 있는 어떤 음식도 섭취하지 않는다. 물, 소금, 아메리카노, 허브티, 탄산수(플레인)는 마셔도 된다. 만약 단식이 아직 익숙하지 않고 힘이 많이 든다면 완전한 단식은 아니지만 어느 정도 단식의 효과는 기대할 수 있는 '사골 단식'을 추천한다. 나 또한 단식이 힘들 때 사골을 활용해 공복시간을 좀 더 수월하게 견뎌냈다.

단식 후 첫 끼니를 보식이라고 하는데, 소화기관이 놀라지 않도록 부드럽고 따뜻한 음식을 먹는 것이 좋다. 이때 탄수화물 위주의 죽보다는 소고기 미역국, 삼계탕, 곰국, 갈비탕 등 양질의 단백질과 지방으로 섭취하면 갑작스런 혈당과 인슐린 상승을 막을 수 있어 단식 효과를 더 극대화할 수 있다.

✖ 단식을 루틴으로

한번 시도해 보자. 처음엔 공복에 익숙하지 않은 우리 몸이 여러 반응을 보내올 것이다. 손발이 차가워지기도 하고 두통이 생길 수도 있다. 하지만 한두 번 단식을 반복하면 내 몸이 점차 공복상태에 익숙해지고 적응해간다. 몸은 가벼워지고 피부는 맑아진다. 단 음식에 대한 갈망도 컨트롤 되기 시작한다. 혈당이 안정되니 먹고 또 먹는 악순환에서 벗어날 수 있게 된다. 아무리 식이요법과 운동을 해도 빠지지 않던 체중 정체구간을 탈피하는 데도 단식만한 것이 없다.

이러한 일상 속 단식은 잠깐 반짝 유행하는 유별난 다이어트 방법이 아니다. 그 자체로 자신만의 라이프 스타일이 되어야 한다. 이것이 건강하고 날씬한 몸을 가질 수 있는 간단하면서도 강력한 비법이다. 본인의 루틴 속으로 단식, 아무것도 안 먹는 시간을 넣어야 한다. 이것은 지극히 자연스럽고 건강한 생활 방식이 되어 나를 탄탄하게 지탱해줄 것이다.

기분이 식욕이 되지 않게
: 감정식사/마인드풀 이팅

8

드디어 금요일이다. 언제부터인지 금요일 저녁은 약속을 잡지 않는다. 금요일 저녁만큼은 누구의 눈치도 보지 않고 나혼자 내가 먹고 싶은 것, 내가 하고 싶은 것을 하는 것이 훨씬 편하다. 퇴근길 지하철에서 배달 어플을 켠다. 도착시간에 맞춰 지금 시켜놓으면 집에 도착할 즈음에 맞춰 집앞에 음식이 배달된다. 집에 들어가기 전에는 편의점에 들러 맥주와 과자를 한 봉지 가득 사서 행복한 기분으로 집으로 간다.

정신없이 치킨에 맥주 한 캔을 먹고, 나홀로 2차를 시작한다. 배는 부르지만 과자는 또 끊임없이 잘 들어간다. 아무 생각도 하지 않고 본능에 충실한 금요일 저녁, 그래 이 맛에 살지~!

사실 금요일만의 이야기가 아니다. 평일에도 주말에도 그때 마다의 사정은 다 있다. 기쁠 때나 슬플 때나 외로울 때나 괴로울 때나 해결책은 늘 음식이다. 그야말로 먹는 낙으로 산다. 그나마 먹어야 풀린다. 하지만 먹고 난 후가 문제다. 그렇게 먹다보니 뱃살은 늘어만가고 성인 여드름에 각종 염증에 감기, 소화불량, 비염, 변비 등 몸은 자꾸 망가져 간다. 매일 아침이 너무 피곤하다. 정돈되지 않은 일상은 엉망이다. 이게 아닌데 싶어 건강하게 식습관을 바꿔보려 하지만 음식 앞에 늘 무너지고 만다. 또 다시 자괴감과 자책감으로 초콜릿을 집어먹는 악순환의 연속이다.

배가 부른데도 계속 먹는가? 화가 나면 '에라 모르겠다' 하며 후회할 음식을 먹어버리는가? 좋은 일이 생기면 음식으로 축하를 하는가? 우울할 때 유독 생각나는 음식이 있진 않은가?

음식을 먹는 것은 우리 감정과 밀접하게 연결되어 있다. 슬픔, 분노, 우울, 불안, 죄책감, 열등감 같은 감정은 우리의 식습관에 영향을 미친다. 건강에 좋은 음식을 선택할지 안 좋은 음식을 선택할지 결정하는 데 중요하게 작용하는 요인이 바로 '감정'인 것이다. 우리가 감정을 다루는 방식은 결국 건강에 중대한 영향을 주게 된다.

- 감정 ⇨ 식습관 ⇨ 건강/다이어트

일상 속 우리는 대부분 감정 조절을 어느 정도 잘 해낸다. 그래서 비교적 이성적인 판단을 통해 안정된 식습관을 유지할 수 있다. 그런데 어떤 스트레스 상황이 나타날 때 우리의 자제력은 무참히 무너져버리곤 한다. 즉, 감정으로 인해 식단에 대한 통제력을 잃게 되고 후회하는 선택을 해버리게 되는 것이다. 그 스트레스 상황은 눈에 보이는 문제로 나타나기도 하지만 보통 눈에 보이지 않는 마음 속 불안, 후회, 외로움 등으로 슬며시 나타나 나의 감정과 식사를 뒤흔든다.

✕ 감정식사를 멈추는 법

감정 주도의 식사를 절제하려면?

가끔은 이러한 감정적 식사가 도움이 되기도 한다. 먹고 풀어버릴 수도 있다. 그렇게라도 푸는 게 나을 때도 있다. 하지만 감정적 식사를 자주하게 되면 습관으로 굳어지고 결국 몸을 해치게 된다. 점점 더 깊어진 감정과 음식의 연결고리는 통제력을 벗어나는 수준까지 이르게 된다. 어떻게 하면 이 감정이 주도하는 식사, 감정식사를 절제할 수 있을까?

첫째는 나의 감정을 알아차리는 것에서부터 시작해야한다. 뭔가가 먹고 싶을 때 '진짜 배가 고픈가' 스스로 생각해보는 것이다. 만약 배가 고프지 않은데도 음식을 찾고 있다면 왜 그런지, 나의 감정 상태를 살펴봐야 한다. 지금 이 순간, 잠시 멈추고 나의 마음과 생각을 인지하는 것이 먼저다. '내가 지금 마감 시간에 쫓겨 불안하구나.', '오늘 아무도 나를 찾지 않아 외롭구나.', '오늘 한 실수 때문에 우울하네.' 등등. 그래서 내가 지금 음식으로 그 마음을 달래고 싫어함을 알아차리는 것이다.

다음은 나의 감정을 받아들이는 것이다. 그 감정을 무시하고 억압하기보다는 있는 그대로 받아들이는 단계이다. 오늘 이 상황과 나의 감정은 내가 애쓴다고 바꿀 수 있는 문제가 아니다. 어차피 지나가야 하는 때라면 담담하게 감정을 바라보고 인정해주자. 감정에 맞서 싸워 억압하려 할수록 그 감정의 힘은 더 강해진다. 그러한 감정으로부터 이어진 식욕, 식탐에 대해서도 인정해주고 수용해주자. 일단 진정시켜보자.

그렇게 인정해주고 수용해준 감정을 긍정적으로 바꿔보는 것이 마지막 단계이다. 나를 더 사랑해주는 일, 하고 나면 뿌듯한 일에 시간을 들여보자. 산책을 하고 운동을 해보자. 심호흡을 크게 해봄으로써 마음을 차분하게 해보는 것도 좋다. 종교가 있다면 기도로 내 마음을 다 토해내보자. 내 마음을 온전히 이해해줄 친구에게 전화해보는 것도 좋다. 중요한 것은 지금 당장 먹는 것으로 이 감정을 풀려고 하는 대신, 내 감정을 자연스럽게 흘려보낼 어떤 행동으로 전환해보는 것이다. '음식'에 집중한 채로 '먹지 않겠다' 생각하면 결국 '먹는다'. 다른 행동으로 음식에 대한 생각이 자연스럽게 사그라들도록 만드는 것이 초점이다.

✕ 다이어트는 나를 사랑해 주는 일

나를 망치는 끝없는 식욕과 나쁜 식습관에서 벗어나기 위해서는 감정과 식사의 관계를 아는 것이 필수다. 그러려면 나의 감정을 먼저 알아야 한다. '음식'이 아닌 '나'에 집중하는 것이 우선인 것이다. 나의 상처, 나의 성격, 나의 취약한 감정들에 대해 스스로 먼저 알아갈 때 나를 이해하고 다독일 수 있게 된다. 감정을 잘 다스릴 수 있게 되는 것이다. 더 이상 나의 감정에 '반응'하는 것이 아니라 올바르게 '대응'할 수 있게 된다. 나의 선택으로 발생하게 될 여러 결과들을 차분히 바라보고 나를 위한 선택을 할 수 있는 힘이 생겨난다. 이것이 건강한 식습관으로 가는 첫걸음인 것이다.

다이어트는 어떻게든 덜 먹기 위해 나를 억압하는 것이 아니라, 나를 잘 알아가고 나를 잘 대해주는 일이다. 그동안 나의 감정을 억누르고 자책하기만 했다면, 내 마음을 알아주고 다독여주는 것부터가 시작이다. 그동안 음식으로 채우려 애썼던 심리적인 허기부터 채워주어야 한다. 사실 나에게 필요한 것은 음식이 아니라 관심과 사랑이다. 나부터 나를 공감해주고 알아주자. 부드럽게 대해주고 나의 건강과 미래를 응원해주자.

오늘부터는 다이어트를 '나를 사랑해주는 일'로 재정의해보자. "나 다이어트 시작했어!" 대신, "나 오늘부터 나를 사랑해주기로 했어~!"로 말이다.

내 몸을 10배 클린하게 해주는
하루 건강루틴

9

　퇴사 후 다녀온 호주여행에서 작은(?), 아니 큰 사건이 하나 있었다. 천만다행히도 여행을 잘 마치고 돌아오는 비행기 안에서였다. 이륙한 지 한두 시간쯤 지났을까, 점심 기내식을 배가 부른데도 꾸역꾸역 먹고 잠이 들었는데 갑자기 속이 심하게 울렁거려 잠에서 깼다. 급히 화장실로 갔는데 화장실은 모두 다 차 있었고 나는 구토 증세와 더불어서 몰려오는 현기증에 벽을 잡고 겨우 서 있었다. 그리고 잠시 후 정신을 차려 보니 나는 화장실 앞 복도 바닥에 얼굴을 박고 쓰러져 있었다.

　짧은 시간 쓰러져 있었던 건지 나를 아무도 발견하지 못했고 나는 혼자서 겨우 비어있는 화장실 안으로 들어가 주저앉았다. 내 얼굴은 핏기가 하나도 없었고 심한 복통과 어지럼증으로 온몸이 축

늘어져 있었다. 나는 아무것도 할 수 없었다. 그 짧은 순간에도 내가 잘못되면 나 때문에 슬퍼할 가족 얼굴이 하나씩 생각났다. 다행히 한참을 화장실에서 다 비워내고나서야 정신이 좀 들었다. 그제서야 얼굴에 시뻘건 상처가 눈에 들어왔다. 따끔따끔 진물이 올라왔다.

정신을 차리고 호주인 승무원에게 짧은 영어로 나의 상황을 설명했다. 다행히도 중학생 때 외웠던 'faint(기절하다)'라는 단어를 생각해냈고, 그 단어를 들은 승무원들은 '오마이갓'을 외치며 나를 승무원실로 데려갔다. 사실 모든 상황은 이미 종료되었던 터라 욱신욱신거리는 얼굴 상처만 소독하고 자리로 돌아왔다. 그후로 승무원들의 극진한 관심 속에 나머지 비행을 무사히 마칠 수 있었다. 그리고 그 사건은 따로 병명을 찾지 못하고 일단락되었다.

비행기에서 정신을 잃고 쓰러진 그 일은 나에게 한마디로 맨붕이었다. 사실 그만한 게 다행이다 싶으면서도 창피했다. 평소 건강에 관심도 많았고 건강 공부도 꽤 오래 해왔으니 나는 내가 건강한 줄 알았기 때문이다. 루틴핏 커뮤니티 회원들에게 건강강의도 하고 나의 도움으로 살도 많게는 20kg이 넘게 빠진 분들도 몇몇 계셨던 터라 자연스럽게 '나도 건강한 줄로 착각했던 것이다. 내가 '아는 것'과 실제로 '행하는 것'이 다름을 뼛속까지 체험하는 시간이었다. 그리고 그 누구도 건강을 자신할 수 없다는 것도 말이다.

✕ 진짜 건강 공부의 시작

그때부터 건강지식을 실천하는 진짜 건강 공부가 시작되었다. 나부터 건강해지기 프로젝트가 시작된 것이다. 우선 아침에 일어나면 입안 가글을 한 번 하고 따뜻한 소금물을 한 잔 마신다. 몸이 뜨끈해지면서 밤 사이 부족한 수분이 쭉 채워지는 것을 느낀다. 그리고 아침 식사는 하지 않는다. 어제 저녁식사 이후 간헐적 단식 시간을 이어가는 것이다. 그 다음 점심식사는 되도록 조금 이른 시간에 한다. 11시 30분쯤 밀가루, 패스트푸드 같은 음식보다는 한식 위주의 밥과 반찬, 생선, 고기를 먹는다. 먹고 나서는 천연사과 식초 한 스푼을 물에 타먹어 소화를 돕고 혈당 스파이크도 막는다.

오후에는 입이 심심하면 견과류를 한 주먹 먹기도 하고 발효음료로 식이섬유를 채우기도 한다. 저녁에는 장내 마이크로바이옴을 건강하게 해줄 발효식품으로 식사를 대신하거나, 저녁 6시가 되기 전에 일반식으로 식사를 한다. 저녁은 되도록 과식하지 않으려 노력한다. 그렇게 마지막 식사를 마치고도 자기 전에 배가 고프면 견과류나 마른김, 첨가물 없는 육포 등 건강하고 소화에 부담이 없는 간식을 약간 추가해주기도 한다.

스트레스를 받으면 자동반사적으로 떠올랐던 맥주와 과자도 자연스럽게 끊었다. 술 한 잔이 생각나는 밤에는 안주 없이, 혹은 김에 와인 한 잔을 마신다. 익숙해지니 와인 한잔하는 그 시간도 큰 힐링 시간이 되었다.

하루 중 부족한 영양소는 종합 비타민, 미네랄, 오메가3 같은 보충제들로 챙겨먹고, 카페인에 예민한 편이라 커피도 일주일에 한두 번으로 줄였다. 밀가루뿐만 아니라 달달한 음료, 가공식품, 유제품도 자연스럽게 식단에서 빼나가게 되었다. 식단이 조금 익숙해진 후부터는 하루 30분 달리기 운동도 시작했다. 거북목과 어깨 통증을 개선하기 위해 하루 틈틈이 스트레칭도 해주고 있다. 자기 전에는 깊은 호흡을 하며 명상으로 하루를 마감한다.

그렇게 건강한 식습관과 생활패턴을 루틴으로 만들기 위해 노력한 결과, 몸이 회복되는 것을 느낄 수 있었다. 일단 소화력이 좋아졌다. 사실 호주 비행기 사건도 여행 내내 과식하며 무리한 소화기관이 마지막 반란을 일으켰을 가능성이 컸다. 소화기능이 회복되고 장내 환경이 좋아지니 일단 영양은 채워지고 몸속 노폐물이 잘 배출되었다. 비행기에서 다쳤던 얼굴 피부도 빠르게 회복되었다. 그리고 몸의 염증 신호였던 비염도 개선되고 살도 3kg 감량되었다.

이렇게 내가 먼저 건강루틴을 실천해보고 예전 루틴핏 프로그램을 보완해 만든 것이 파워루틴핏 다이어트이다. 함께하면 훨씬 수월하고 힘이 난다. 함께 격려와 응원 속에서 체계적으로 공부하고 실천하는 공동체가 필요한 이유이다. 그래서 파워루틴핏 프로그램의 가장 큰 수혜자는 바로 '나'다.

건강이라는 것은 공부하면 할수록 어렵다. 사람마다 다르고 때에 따라 다르다. 완전한 진리도 없는 듯하다. 넘쳐나는 정보 속에 스스로 걸러낼 눈과 귀가 없으면 무한 소비 굴레에 빠지기도 십상이다. 그래서 결국엔 확실한 것부터 실천해 나가는 것이 우선이다. 담배가 몸에 해롭다는 것에 그 누구도 부인할 수 없듯이 보편적으로 적용할 수 있는 건강 지식과 루틴들부터 탄탄하게 만들어나가는 것이 파워루틴핏의 목표다. 사실 그것만으로도 충분할 때가 많다.

밀가루, 설탕, 가공식품, 튀긴 음식 섭취를 줄이고 자연식품 섭취를 늘려가는 것, 먹지 않는 시간을 충분히 확보하는 것, 과식하지 않고 적정한 양을 먹는 것, 소화와 흡수를 도와줄 좋은 성분의 음식을 적극적으로 섭취하는 것, 수면과 스트레스 관리, 운동 등 말이다.

✕ 건강 루틴 코치로서의 새출발

"퇴사하고 뭐하려고?"에 대한 대답은 바로 '건강루틴 코치'이다. 이것이 바로 내가 잘할 수 있고 좋아하는 일이다. 나는 앞으로도 나를 포함한 한 사람 한 사람의 일상이 탄탄해지고 건강해질 수 있도록 건강한 루틴을 만들어주는 사람이 되려 한다.

나부터 건강을 자만하지 않고 나의 건강을 잘 살피면서 말이다. 앞으로 나를 만나는 모든 사람이 건강하고 행복한 일상을 갖기를 바라며 온 마음으로 돕는 삶을 살아야겠다.

〈파워루틴 10가지〉

- 하루 7시간 이상 숙면하기
- 적절한 공복 시간 확보하기
- 설탕, 밀가루, 가공식품 끊기
- 커피, 유제품 끊기(줄이기)
- 건강한 지방 섭취하기
- 소금 섭취하기
- 저녁식사는 취침 최소 4시간 전까지 끝내기
- 주 3회 이상 운동하기
- 한달에 한 번 단식하기(24시간 이상)
- 스트레스 관리하기

부록

내 몸 최적화를 위한,

파워루틴핏
다이어트 3주 프로그램

하루하루 최상의 컨디션으로 최고의 나를 만난다.

⋯⟩ 가벼워진 몸 상태 + 활력 넘치는 하루 + 최고의 집중력

✖ 파워루틴핏 다이어트 기본 원칙

무얼 먹을까	
− (마이너스 루틴)	+ (플러스 루틴)
· 나쁜음식 끊기 : 설탕, 과당, 밀가루, 나쁜 기름 · 가공식품 피하기 · 탄수화물 섭취 줄이기 · 설탕, 유제품 피하기	· 자연식품 섭취하기 · 단백질, 지방 섭취 늘리기 · 아침과 간식은 허용간식 내에서 섭취하기 · 저녁은 식사대용 쉐이크로 먹기 · 소금물, 천연사과식초, 발효식품 활용하기
언제 먹을까	기본 생활 루틴

· 공복시간 차츰 늘려가기(16시간)
· 저녁은 취침 4시간 전 마치기
· 3주차 24~36시간 단식 시도해보기
	· 수면시간 7시간 확보하기
	· 하루 10분 청소/정돈하기
	· 냉장고 정리, 식재료 바꾸기
	· 명상/호흡하기
	· 일지 작성하기
	  - 몸의 소리에 귀 기울이기
	  - 하루 돌아보며 피드백하기
	  - 매일 목표/감사한 것 적어보기

✖ 주의사항

약을 복용 중이거나 질환이 있는 경우, 식단관리 및 단식 전 의사와 상담 후 진행할 것

✕ 식단표

구분		월	화	수	목	금	토	일
1주차	아침	간편식	간편식	간편식	간편식	간편식	간편식	간편식
	점심	일반식	일반식	일반식	일반식	일반식	일반식	일반식
	저녁	쉐이크	쉐이크	쉐이크	쉐이크	쉐이크	쉐이크	쉐이크
2주차	아침	간편식	간편식	간편식	간편식	간편식	간편식	간편식
	점심	일반식	일반식	일반식	일반식	일반식	일반식	일반식
	저녁	쉐이크	쉐이크	쉐이크	쉐이크	쉐이크	쉐이크	쉐이크
3주차	아침	간편식	단식	간편식	간편식	단식	간편식	간편식
	점심	일반식	일반식	일반식	일반식	단식	일반식	일반식
	저녁	단식	일반식	일반식	일반식	단식	일반식	일반식

- **간편식** : 저탄수화물식, 계란 등 간단하게 허기를 채울 정도, 공복이 익숙해지면 패스한다.
- **일반식** : 저탄수화물식, 양질의 단백질과 지방, 채소를 적극적으로 섭취, 풍성히 포만감 있게 먹되 과식하지 않는다.
- **단식** : 물, 소금, 커피(아메리카노 1잔), 허브티 섭취가능, 너무 힘들 경우 사골국물(첨가물x) 섭취
- **쉐이크** : 공복시간을 늘려주고 자는 동안 소화기관을 푹 쉬게 해주는 쉐이크 섭취, 동물성/식물성 단백질 가루 + 아몬드 우유 활용
- **허용간식** : 아래리스트 참고, 저녁 쉐이크 이후에는 먹지 않는다.

✕ 〈허용간식 리스트〉

견과류	계란
사골국물(첨가물X)	천연사과식초(애사비)
녹차, 허브티, 아메리카노	아몬드 밀크, 아몬드 버터
김	템페, 낫또, 두부, 연두부
야채주스(첨가물X)	건어물(조미 안 된 먹태, 멸치 등)
들기름 1스푼, 올리브오일 1스푼	각종 채소 (아보카도, 오이, 방울토마토, 양배추, 당근 등)
(기타) 정제탄수화물, 가공식품이 아닌 양질의 단백질, 지방 섭취	

✕ 〈1주차〉 건강한 환경세팅 및 식단 적응 단계

✎ **미션1**. 현재 몸 상태를 꼼꼼히 체크해 본다.

✎ **미션2**. 집 안에 있는 나쁜 음식을 정리한다. (버리거나 나눔)

✎ **미션3**. 건강한 식재료를 준비한다.

✎ **미션4**. 따듯한 물과 소금을 잘 챙겨먹는다.

✎ **미션5**. 식단 초기에는 무리한 운동은 하지 않는다.

TIP

〈식단 변화에 따른 몸의 적응반응 및 대처법〉

• 원인 : 갑작스러운 탄수화물 섭취 감소로 인해 몸이 주 에너지원인 포도당 대신 지방을 사용하게 되면서 일시적인 적응반응이 나타날 수 있다.

• 증상 : 브레인 포그, 두통, 현기증, 피로감, 체력 저하, 메스꺼움, 피부 발진, 오한, 설사/변비, 불면증, 입 냄새, 심박동 증가, 피부 건조, 눈 밑 떨림, 입 마름 등

• 해결 : 충분한 수분 섭취와 나트륨 등 전해질 보충으로 대부분 증상을 완화할 수 있으며, 증상이 지속되면 탄수화물 섭취를 조금 늘린 후 점진적으로 줄여간다.

✎ **미션1.** 따듯한 물과 소금을 잘 챙겨먹는다.

✎ **미션2.** 매일 일지에 공복감, 컨디션 등을 잘 체크해둔다.

✎ **미션3.** 식사 후 가벼운 산책, 스트레칭으로 몸을 움직인다.

✎ **미션4.** 아침 시간을 조금씩 뒤로 늦춰서 공복시간 늘려보기.
  공복이 괜찮아지면 아침 패스해보기

TIP

- 지방대사가 오래 닫혀 있었던 사람은 2주 차에도 여전히 적응반응들 나타날 수 있다. 따뜻한 소금물 섭취, 미네랄 영양제를 보충해준다.
- 저칼로리 다이어트가 되지 않도록, 점심식사는 식사량을 줄이지 않고 건강한 음식으로 풍성히 먹는다.
- 저녁 쉐이크 식사로 자는 동안 소화기관이 충분히 휴식하고 회복된다. 몸이 가벼워지고 재생되는 것에 집중하자.

✖ 〈3주차〉 체중이 본격적으로 감량되는 시기

🖊 **미션1.** 따듯한 물과 소금을 잘 챙겨먹는다.

🖊 **미션2.** 24시간~36시간 단식 도전해보기 (컨디션과 스케줄에 맞게 조정)

🖊 **미션3.** 단식 중 힘들면 사골 국물 마시기(단식을 크게 깨지 않음)

🖊 **미션4.** 단식 후 첫 끼(보식)는 혈당 스파이크를 일으키지 않는 음식으로 보식하기

TIP

• 추가 감량을 원하면 저녁을 일반식 대신 쉐이크 식사로 유지하기

• 단식이 힘들면 2주 차 식단(저녁 쉐이크)으로 진행

• 단식보다 보식이 더 중요! 부드럽고 소화가 잘되는 양질의 단백질 위주의 식사하기, 과식하지 않기

* 보식 추천 메뉴 : 사골국물, 도가니탕, 갈비탕, 소고기미역국, 샤브샤브, 삼계탕 등

■ 파워루틴핏 다이어트 목표선언(샘플)

"3주 후, 건강한 루틴으로 체중 감량과 함께 활력이 넘치는 일상을 만든다!"

2024년 08 월 16 일 　이 루 다 　(서명)

■ 파워루틴핏 이전과 이후 루틴 비교(샘플)

	BEFORE	AFTER
식사	· 아침 - 씨리얼, 우유, 요거트 · 오전 간식 - 믹스 커피, 과자 · 점심 - 구내식당 또는 외식 · 오후 간식 - 빵, 과자, 음료수 · 저녁 - 주로 외식 · 저녁간식 - 과일, 야식 주2~3회 · 요리용 오일(카놀라유, 콩기름) 가공식품(냉동식품, 어묵, 소시지, 과자, 유제품 등을 자주 먹음) · 믹스커피 하루 2~3잔	· 아침 - 발효식 또는 삶은 계란 2개, 배가 안 고픈 날에는 패스 · 점심 - 구내식당 또는 외식 · 오후 간식 - 견과류, 아몬드 우유, 따뜻한 소금물(허용간식) · 저녁 - 쉐이크 식사로 마무리 · 올리브오일, 버터로 바꿈 · 가공식품은 최대한 피하고 자연식품 위주로 먹음 · 아메리카노 하루 1잔으로 줄임
수면/스트레스	· 저녁 12시 이후 취침, 7시 기상 · 핸드폰으로 유튜브 보다가 잠듦 · 자주 깨는 편, 개운하지 않음, 아침에 잠에서 깨기 힘듦 · 요즘 일이 많아서 스트레스가 심한편 · 두통과 목, 어깨 결림이 심함	· 저녁 11시 이전 취침, 7시 기상 · 자기 전 핸드폰 멀리 두고 호흡/명상으로 마무리 · 커피를 줄이고, 저녁 식사를 가볍게 하니 잠이 깊이 듦 · 아침에 피곤하지 않음 · 업무 틈틈이 호흡, 스트레칭으로 긴장을 풀어줌
컨디션	· 매일 몸이 무겁고 피곤한 느낌 · 쉬어도 회복이 잘 안됨 · 비염, 역류성 식도염이 있음 · 소화가 잘 안되는 느낌 · 화장실을 잘 못 감 · 피부에 트러블이 올라옴	· 아침 컨디션이 좋아짐 · 오전 집중력, 작업효율↑ · 몸이 가벼워지고 활력이 넘침 · 비염과 역류성 식도염이 좋아짐 · 소화가 편해짐 · 변 상태가 좋아짐 · 피부가 맑아짐

■ 5일 차 식단 기록(샘플)

날짜	2024.08.21		식단기록	
목표 선언	건강하게 3kg 감량, 깨끗하고 맑은 피부!!	공복 시간	(전날) 18:00 ~ (오늘) 10:00 (16 hr)	
체중/ 허리둘레	61kg, 84cm	09 : 30	삶은 계란 2개	
건강 수치	공복혈당 111	11 : 20	애사비	
+ 루틴	소금물	○	오후	11 : 50	한식집 (밥 1/2, 반찬 많이 먹음)
	애사비	○	점심 식전	12 : 30	식사 후 허브티
	쉐이크	○	발효식 +프로틴	15 : 40	견과류, 소금물
	수면	×	잠이 안왔다	19 : 40	퇴근 후 쉐이크
	명상/호흡	○	틈틈이	:	
	운동	○	저녁 산책	:	
	10분 청소	○	사무실 서랍 정리	:	
- 루틴	밀가루	×	부추전	**피드백**	
	설탕, 과당	○	(양념)	· 건강한 간식을 미리 챙겨두니 배고프거나 뭔가 먹고 싶을 때 식욕이 폭발하지 않았 다. 항상 잘 챙겨 다녀야겠다.	
	나쁜 기름	×	부추전		
	가공 식품	○		· 퇴근길에 갑자기 배고픔이 몰려와서 온갖 음식 생각에 힘들었다. 내일부터는 퇴근 전에 꼭 회사에서 쉐이크를 먹고 와야겠 다.	
	커피	○	캐모마일		
	유제품	○		· 그래도 이제 공복감이 조금 익숙해진 듯 하다. 5일 차도 성공!!